Werner Ablass

Leide nicht – liebe

Werner Ablass

# Leide nicht LIEBE

Über die Liebe zur Liebe ohne Objekt

Omega

Omega-Verlag ist ein Imprint der Verlag "Die Silberschnur" GmbH


ISBN: 978-3-89845-661-6
1. überarbeitete Neuauflage 2020

Gestaltung & Satz: XPresentation, Güllesheim
Covermotiv: © Mauritius
Druck: CPI Moravia Books s.r.o.

Verlag »Die Silberschnur« GmbH · Steinstr. 1 · 56593 Güllesheim
www.silberschnur.de · E-Mail: info@silberschnur.de

# Inhaltsverzeichnis

»Wer das Prinzip der Schwingung versteht,
hat das Zepter der Macht ergriffen.«

Kybalion

# Danksagung

Folgenden Personen möchte ich meinen herzlichen Dank aussprechen:

An erster Stelle Ruth, meiner besseren Hälfte und Seelengefährtin, ohne deren Liebe und Geduld mit meinen Schattenseiten dieses Buch nicht entstanden wäre.

Danken möchte ich auch Manfred, Martina, Isabel, Hanna, Jürgen, Michael, Eduard, Karl-Heinz, Jens, Iris und Dieter Ü., Dieter P., Gabriele und Ute, deren Freundschaft, Inspiration oder Hilfe in schwierigen Phasen ich bis heute erfahre und schätze.

Mein Dank gilt auch Lotte, Erich, Albrecht, Edith, Siegmar, Annette, Jürgen, Max und John, meinen spirituellen Wegbegleitern und Freunden aus früheren Jahren.

Auf keinen Fall möchte ich in meiner Danksagung Thaddeus Golas vergessen, dessen unvergleichliches Werk, *Der Erleuchtung ist es egal, wie du sie erlangst*, mir zur Quelle der Inspiration für die grandiose Erfahrung wurde, die ich in diesem Buch zu beschreiben versuche.

Last but not least geht mein Dank an Martin und Gisela, die Herausgeber, insbesondere an Gisela, deren Intuition, Kreativität und höchst engagiertem Lektorat ich die Publikation dieses Buches in der vorliegenden Form verdanke.

# Vorwort

Dies ist ein Buch für Menschen, die es wirklich wissen wollen. Das bedeutet: Hier erhältst du kein Wissen, das deinen Intellekt oder dein esoterisches Interesse befriedigt, sondern Informationen, die dein Leben verändern. Doch die Veränderung ereignet sich zumeist nicht auf eine Weise, die deiner Erwartung entspricht. Du wirst zwar erfolgreicher werden, harmonischer leben, glücklicher sein, mehr Klarheit bekommen. Und doch wirst du überrascht sein, wie es geschieht.

Die Prämisse des Buches ist: Es bedarf im Grunde nur einer einzigen, wirklich nur **einer einzigen Übung** im Alltag, um in den Genuss all dessen zu kommen, was du dir für dein Dasein wünschst. Alles in diesem Buch dreht sich nur um die Erklärung, weshalb das so ist, darum, wie man sich übt und wie wir die Hindernisse auf dem Übungsweg als Helfer nutzen.

Es soll auch ein ehrliches Buch sein, und deshalb verrate ich dir: In erster Linie benötige ich diesen Ratgeber selbst. Vielleicht sogar mehr noch als du. Und zwar jeden Tag neu. Wie heißt es doch so schön: You teach best what you need most. Du lehrst am besten, was du selbst am nötigsten brauchst.

Manche Leute machen viel Aufhebens darum, wenn sie sich mit Weisheitslehren und Erfolgsphilosophien, mentalen Techniken und spirituellen Methoden auskennen. Ich habe mich über 30 Jahre intensiv mit ihnen beschäftigt, doch der wahre Grund für mein großes Interesse war mein eigener Mangel und meine Bedürftigkeit. Vielleicht habe ich all das nur deshalb gelernt, um zu erkennen, was nicht funktioniert oder zumindest nicht besonders gut funktioniert. Meine lange Suche nach "dem Ding schlechthin" endete erst, als ich vor einigen Monaten mehr oder weniger zufällig ein dünnes Buch las, das mir zu einer alles entscheidenden Erkenntnis verhalf. Es ist schon seit 1971 auf dem Markt. Sein respektloser Titel: *Der Erleuchtung ist es egal, wie du sie erlangst*. Der Text befand sich monatelang unbeachtet in einer Datei auf meinem PC – zu diesem Zeitpunkt gab es das Buch nämlich nicht mehr zu kaufen, ich hatte den Text im Internet gefunden und ihn mir kostenfrei heruntergeladen. Ich erinnerte mich erst wieder an ihn, als ich auf der Website von Vera F. Birkenbihl sah, dass sie dieses Buch unter allen Titeln, die unter "pragmatischer Esoterik" vorgestellt werden, wie keinen anderen empfiehlt. Da ich sehr viel von ihrem Urteil halte, las ich den Text. Über den Autor mit dem ungewöhnlichen Namen Thaddeus Golas weiß ich nur, dass er 1924 als Sohn polnischer Eltern in den

USA geboren wurde, Ende der 60er Jahre in einer von Hippies inspirierten Kommune lebte und in Florida starb.

Es wird dir womöglich maßlos übertrieben erscheinen, wenn ich behaupte, dass der von Thaddeus Golas empfohlene Übungsweg in nur sechs Monaten mein Innenleben, meine Beziehungen und manche für mich wirklich sehr, sehr bedeutsame Lebensumstände revolutionierte. Es wäre jedoch untertrieben, würde ich meine Erfahrung weniger enthusiastisch beschreiben.

Und nun frage ich dich: Was macht man nach solch einer außergewöhnlichen Erfahrung? Sich einfach nur an ihr freuen und sie für sich behalten? Das ist mir schlicht unmöglich, bin ich doch restlos davon überzeugt, dass das, was mich in einen völlig neuen Raum der Erfahrung brachte, dir ebenso helfen kann wie mir. Es wäre schlicht lieblos, dir das vorzuenthalten.

Wenn du brennst, kannst du kein nüchternes Sachbuch schreiben. Daher bitte ich um Verständnis für die vertrauliche Anrede und auch dafür, dass sich bestimmte Inhalte wiederholen, wann immer ich dies in einem anderen Kontext für notwendig hielt.

Kein Buch der Welt kann ersetzen, dass man diesen Übungsweg persönlich geht. Denn die Erkenntnis allein, sie bringt uns kein Jota weiter. Doch manchmal bedarf es eines oder auch mehrerer Wegweiser, um ihn zu gehen oder auf ihm zu bleiben. Nicht mehr als das - ein Wegweiser - will und kann dieses Buch sein.

# Das Geheimnis der Resonanz

Es gibt viele Gründe zu leiden: körperliche Krankheiten und Behinderungen, Schmerzen, Depressionen, Ängste und Phobien, Ärger, Wut, Enttäuschung, Trauer, Liebeskummer, Einsamkeit, Mangel an Anerkennung, materielle Nöte, Arbeitslosigkeit und unzählige mehr. Aber es gibt nicht *einen einzigen* leidvollen Zustand, den die Liebe nicht zu heilen oder zumindest zu lindern vermag. Daher: Leide nicht - liebe! Ich werde im weiteren Verlauf zeigen, dass es dazu nur einer Entscheidung bedarf.

Bei der Liebe, um die es in diesem Buch geht, handelt es sich nicht (primär) um die Liebe zwischen Mann und Frau, sondern um eine von Personen, Umständen, Objekten und Bedingungen unabhängige Form der Liebe, die im Altgriechischen AGAPE heißt, im Unterschied zu EROS, der begehrlichen, oder PHILIA, der freundschaftlichen Liebe.

AGAPE, die "Liebe ohne Objekt", zu lieben, verlangt von dir nicht, zu einem Heiligen oder zu einem "Lichtarbeiter" zu werden. Auch nicht, deine Gefühle zu verleugnen und nicht mehr zu streiten. Ebenso wenig musst du meditieren, visualisieren oder dein Herzchakra öffnen. Es ist viel einfacher.

Jeder kann lernen, AGAPE in jeder Lebenslage bewusst zu erzeugen und die Liebe zu lieben, das heißt, sich in das wunderbare Gefühl der Liebe zu verlieben - jeder, der sich für diesen Übungsweg **entscheidet**. Ich sage dir: Es lohnt sich wirklich, es wenigstens einmal auszuprobieren! Nicht, um eine zweite Mutter Theresa oder ein Albert Schweitzer zu werden, sondern einzig und allein aus dem egoistischen Grund, dass es dir als Liebender einfach sooo gut geht. Nutze das unendliche machtvolle Potenzial der Liebe, denn sie ist dein Wesenskern!

Liebe ist nichts anderes als eine Schwingung. Alles im Kosmos schwingt. Alles ist in Bewegung. Fest und ruhend erscheint uns die Materie nur aufgrund unserer begrenzten Wahrnehmung. Zu diesem Ergebnis kam die moderne Quantenphysik.

"Nichts ist in Ruhe, alles bewegt sich, alles ist in Schwingung", heißt es daher auch im Kybalion.[1] Die

---

*1) In früheren Zeiten gab es eine Sammlung gewisser grundlegender hermetischer Lehren, die nur mündlich vermittelt wurden und als "Das Kybalion" bekannt waren. Es bestand aus Maximen, Axiomen und Regeln, die nur Eingeweihten verständlich waren. Die genaue Bedeutung dieses Wortes ist seit Jahrhunderten verloren gegangen. Soweit ich weiß, sind Kybalions Regeln niemals niedergeschrieben worden. Das obige Zitat stammt aus der Homepage www.klarerblick.de. Die Verfasser nennen sich "Die drei Eingeweihten".*

Hermetische Philosophie[2] lehrt, dass nicht nur alle Materie, sondern auch jeder Gedanke, jede Erregung und jeder geistige Zustand eine charakteristische Schwingung hat, wobei positive, aufbauende Gefühle und Gedanken wie Liebe, Hoffnung, Frieden oder Harmonie eine höhere Schwingung haben als Hass, Neid, Eifersucht oder Wut. Je höher unsere Schwingungen sind, desto weniger können die niederen uns beeinflussen.

Der Mensch hat die Möglichkeit, seinen Geist auf jede beliebige Stufe einzuschwingen, denn unser Gehirn schwingt natürlich auch in bestimmten Frequenzen. So wie ich mit meinem UKW-Radio keine Mittelwelle empfangen kann, so zieht ein liebloser Mensch auch keine Ereignisse an, die er als liebevoll bewerten könnte. Übrigens: Kennst du den Grund, weshalb beim Empfang von UKW weit weniger Störungen auftreten als bei der Mittelwelle? Die Frequenz der ausgesendeten Wellen im UKW-Band ist höher als bei der Mittelwelle. Ebenso verhält es sich auch bei uns: Wenn du auf der höchsten Ebene - Liebe - schwingst, werden sich Störungen in deinem Leben auf ein Minimum reduzieren.

---

*2) "Hermetik" ist ein Ausdruck sowohl für eine esoterische Tradition als auch für Schriften aus dem Altertum und dem frühen Mittelalter. Das Prinzip "Wie oben so unten" bildet den Eckstein der Hermetischen Philosophie. Es besagt, dass alles im Mikro- und Makrokosmos miteinander in Wechselbeziehung steht.*

Wie du die Außenwelt erlebst, ist tatsächlich abhängig von der Frequenz, auf der du emotional schwingst. Es scheint so etwas wie eine "geheime Absprache" zwischen innen und außen zu geben. Bist du emotional einer niedrigen Schwingung verhaftet - Gleichgültigkeit, Ablehnung oder Angst -, so reagiert der Kosmos (zumindest der Teil, den du wahrnimmst, deine unmittelbare Umgebung) mit Hindernissen, Schwierigkeiten und nahezu unüberwindbar scheinenden Hürden. Du kommst dann vielleicht zu der Auffassung, der Kosmos würde dich ablehnen oder du wärst ihm völlig gleichgültig. Befindest du dich emotional auf einer höheren Schwingungsebene - Akzeptanz (deiner Situation), Faszination oder Liebe -, reagiert er mit Ereignissen, die du als positiv und konstruktiv erleben wirst.

Was ich hier etwas poetisch "geheime Absprache" nenne, würde man vom wissenschaftlichen Standpunkt betrachtet natürlich als Gesetzmäßigkeit bezeichnen. Es ist das Gesetz der Resonanz. In der Physik spricht man von Resonanz, wenn die Frequenzen von anregender und angeregter Schwingung in einem harmonischen Verhältnis zueinander sind. In diesem Zustand ist eine optimale Wechselwirkung zwischen den Systemen möglich. Diese "optimale Wechselwirkung" kennen wir auch aus dem zwischenmenschlichen Bereich in der Redewendung: "Wir schwingen auf einer Wellenlänge". (Richtiger müsste es eigentlich heißen: "Wir schwingen mit derselben Frequenz" oder: "Wir schwingen in Resonanz.")

Der Kosmos ist kein Raum mit lauter voneinander getrennten, aus sich selbst heraus existierenden Körpern, sondern ein voneinander abhängiges Netzwerk, ein Beziehungsgeflecht. Obwohl wir uns als voneinander getrennte Wesen wahrnehmen, ist letztlich alles miteinander verbunden, beeinflusst sich alles gegenseitig und wirkt als ein Ganzes zusammen.

Ist dir bewusst, wie abhängig du von den Elementen außerhalb von dir bist - von der Erde, dem Himmel, der Luft, dem Wasser, der Sonne, den Pflanzen, den Tieren? Nimm die Luft, die Erde, die Sonne, die Pflanzen etc. weg, und du bist auch weg! Die Luft außerhalb von dir ist ebenso wichtig wie deine Lunge, durch die du die Luft über das Atmen aufnimmst. Du brauchst jedoch nicht nur die Luft, du brauchst **alles im All**, um überhaupt DU sein zu können.

Manchmal spüren wir unsere Einheit mit der Natur ganz deutlich, wenn ein schöner Anblick wie ein spektakulärer Sonnenuntergang über dem Meer uns ergreift, wenn die Schönheit einer Blüte uns rührt oder die innige nonverbale Kommunikation mit einem Tier uns bewegt. Die Verbundenheit mit anderen Menschen zeigt sich gelegentlich in telepathischem Kontakt. Insbesondere zwischen Personen, deren emotionale Beziehung stark ist, übertragen sich Gedanken und Gefühle ohne Funkgerät oder Kabel, ganz so, als wären sie selbst Sender und Empfänger. Wir wissen dann manchmal auf unerklärliche

Weise, dass jemand an uns denkt, oder gar, was er denkt. Oder uns ruft jemand an, an den wir gerade eben gedacht haben.

Diese Kräfte sind insbesondere in Situationen großer Gefahr und beim Sterben so stark, dass sie sogar die Materie im Umfeld des Empfängers in Bewegung beziehungsweise in Stillstand versetzen können. So etwas erlebte ich selbst einmal als kleines Kind, als ich morgens noch häufig zu meiner Mutter ins Bett krabbelte: Genau zu dem Zeitpunkt, als meine Großmutter starb, öffnete sich die verschlossene Schranktür im Schlafzimmer meiner Eltern. Eine gute Bekannte meiner Mutter erzählte uns, dass das Bild ihres Sohnes zu dem Zeitpunkt von der Wand fiel, als er im Zweiten Weltkrieg von einer Gewehrkugel getötet wurde. Jemand anders berichtete mir, beim Unfalltod eines nahen Verwandten sei die Uhr stehen geblieben. Bei entsprechenden Recherchen könnte man sicher ein ganzes Buch über solche Phänomene schreiben, mir geht es jedoch nur darum zu zeigen, dass wir in einer Welt leben, die im Innersten aus Schwingungen besteht und deren Teile mit Resonanz aufeinander reagieren.

Was du nicht unbedingt wissen oder glauben musst, um das Resonanzgesetz positiv zu erleben, was dir jedoch helfen kann, es in seiner Wirkung besser zu verstehen, ist, dass wir Energiewesen sind. Was wir in der Welt der Materie von uns erkennen, ist nur ein winziger Ausschnitt unseres Seins. Wie eine Fingerkuppe, die aus dem Loch einer Bretterwand ragt, hinter der sich der weit größere Teil des Körpers befindet. Unsere wahre Natur, unser essentielles Sein, das Selbst hinter der "Bretterwand", ist Liebe. Liebe in ihrer Totalität. AGAPE. Sie ist der Ursprung jeder anderen Variante der Liebe. Unveränderlich. Unerschöpflich. Sie fordert keine Gegenleistung. Stellst du dich nun auf Liebe ein, bist du automatisch in Resonanz und damit auch in Harmonie - eins - mit deinem innersten Sein.

# Das Echo deiner Schwingungen

Wir alle kennen den Spruch: “Wie du in den Wald hineinrufst, so schallt es heraus.” Im Alltag heißt das: Wenn du schlecht gelaunt jemanden anfährst, wirst du in der Regel eine ebenso unfreundliche Antwort bekommen. Das ist direkte Resonanz zwischen Menschen, die du, wenn du diesen Vorfall reflektierst, leicht nachvollziehen kannst. Weniger bewusst ist uns meist, dass wir mit unserer inneren Grundhaltung IMMER Urheber unserer gesamten eigenen Realität sind. Mit allem, was du denkst, fühlst, tust und sagst, erzeugst du ständig “Schwingungen” und sendest sie - natürlich zumeist unbewusst - nach außen, in den Kosmos, den “Wald”, aus. Da alles mit allem zusammenhängt, wird die jeweilige Schwingung vom Kosmos empfangen. Und sie kommt wie ein Echo oder wie ein Bumerang in Form von Ereignissen zu dir und deiner Erlebniswelt zurück. Merke: Was du denkst, wird zu dem, was du fühlst. Was du fühlst, wird zu dem, was du in der Welt erlebst.

Man könnte den Kosmos, deine Umwelt, mit dem Resonanzkörper einer Geige vergleichen. Als harmonisch empfinden wir ein Geigenspiel dann, wenn der Geigenspieler sein Handwerk versteht. Ist er ein Stümper, liegt es nicht an dem Resonanzkörper der Geige, wenn wir uns die Ohren zuhalten. Die einzige Möglichkeit, deine Zuhörer zu beglücken, besteht darin, Geigespielen zu lernen. Je virtuoser du das Instrument beherrschst, desto sicherer ist dir tosender Beifall.

Warum sind Leute arm? Aufgrund ihrer Schwingung. Warum bleiben sie arm? Weil sie der Armutsschwingung verhaftet bleiben. Vielleicht nahm Jesus Bezug auf das Resonanzgesetz, als er sagte: "Wer da hat, dem wird gegeben werden. Wer aber nicht hat, dem wird auch das genommen, was er hat." (Luk. 19:26)[3] Ziemlich ungerecht, könnte man meinen, wenn man nicht weiß, dass alles, was wir im Leben erfahren, auf Schwingungen beruht, die wir aussenden und auf die der Kosmos in Resonanz reagiert.

Wenn uns Schwingungen in Armut halten, was macht dann Arme reich? Wie ist es möglich, dass Tellerwäscher zu Multimillionären, einfache Kellner zu Restaurantkettenbesitzern, Findelkinder zu weltbekannten Schauspielern werden? Jeder zu Erfolg und Reichtum gelangte Mensch hat zuvor seine Schwingungsfrequenz erhöht! Und unsere Schwingungen steigen nur an durch Zuversicht, Glaube

*3) Hier und im Folgenden zitiert aus der Elberfelder Übersetzung der Bibel.*

und Liebe. Wenn Schwingung tatsächlich der entscheidende Erfolgsfaktor ist, dann könnte selbst der Ärmste der Armen in Bangladesh zu einem Großaktionär an der Wall Street werden. Andererseits könnte ein schwerreicher Erbe in einem westeuropäischen Land alles verlieren und am Ende als Sozialhilfeempfänger Suizid begehen, wenn er sich auf die Schwingungsebene begibt, auf der man nichts anderes als den Totalverlust seines Vermögens, seiner Lebensfreude und seines Lebensmutes erfahren kann.

Begreifst du nun, weshalb die Hermetische Philosophie behauptet: "Wer das Prinzip der Schwingung versteht, hat das Zepter der Macht ergriffen?" Es ist Schwingung, die glücklich und unglücklich macht. Schwingung fördert deine Karriere, Schwingung führt zum Karriereknick. Schwingung macht arbeitslos und verschafft dir einen Job. Schwingung führt dich zu deinem Wunschpartner, und Schwingung entzweit. Schwingung führt gleichermaßen zu Krieg und zu Frieden. Schwingung macht Völker reich und hält andere in bitterer Armut. Schwingung brachte all das in dein Leben, was du gerade erlebst. Daher: Willst du deine Lebensumstände verändern, so erhöhe dein Schwingungsniveau, und du wirst zu einem Magneten für Klarheit, Harmonie, Glückseligkeit und Erfolg. Diese gewaltige Veränderung wird am schnellsten erreicht, indem du einfach damit beginnst, dich auf Liebe "einzuschwingen".

Warum gerade auf Liebe? Nun, weil Liebe die höchstmögliche Schwingungsebene darstellt und dementsprechend liebevolle Ereignisse in deine Erlebniswelt zieht.

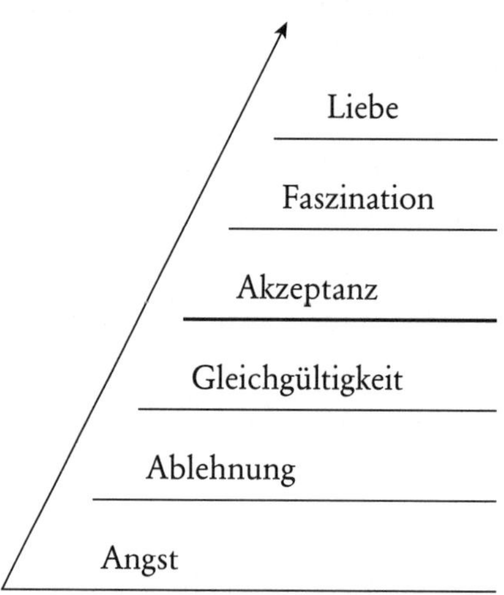


Weshalb ist **Angst** die niedrigste Ebene in der Schwingungsskala? Weil es keine Emotion gibt, die dich stärker gefangen hält, zusammenzieht und verkrampft. Angst ist zwar ein notwendiges Signal, um existentielle Gefahren zu erkennen, außerhalb dieses Bereichs führt sie allerdings in totale Isolation, besonders wenn sie uns über einen längeren Zeitraum beherrscht.

Die Ebene der **Ablehnung** ist nicht weit von ihr entfernt, denn auch sie führt in einen höchst unersprießlichen inneren Zustand, in dem du weder dich noch andere magst. Selbst ein Stuhl, an dem du dich stößt, kann auf dieser Ebene Aggressionen auslösen: "Welcher Idiot hat diesen blöden Stuhl hier hingestellt!"

Gleich darüber kommt die Ebene der **Gleichgültigkeit**. Du lehnst zwar deinen Zustand nicht ab, nimmst ihn aber auch nicht aktiv an, sondern befindest dich in einem neutralen Raum. Selbst schrecklichste Ereignisse auf diesem Globus berühren dich dann nicht. "So ist's halt! Was kümmert es mich?"

Erst auf der Ebene der **Akzeptanz** nimmst du das Leben so an, wie es sich dir jeweils darstellt. Auf dieser Ebene befindest du dich sozusagen bereits im grünen Bereich, du bist in einer positiven Grundstimmung und gibst auch dein inneres OK zu den Herausforderungen des Lebens.

Die nächsthöhere Ebene ist **Faszination**. Zumeist erleben wir die Schwingung dieser Ebene nur dann, wenn wir beispielsweise in Urlaub gehen, eine Gehaltserhöhung bekommen, einen Karrieresprung machen oder irgendeinen Menschen kennenlernen, dessen Aussehen oder Aura uns begeistert.

**Liebe** ist zweifellos die höchste Schwingungsebene. Wirf nur einmal ein Auge auf ein frisch verliebtes Paar, und du weißt, was ich meine. Nichts macht uns so lebensfroh, nichts macht uns glücklicher, nichts gibt uns mehr Power, nichts dehnt unser Gewahrsein mehr aus, nichts befreit uns mehr als die Liebe. Sie kann, muss jedoch nicht romantischer Natur sein, um dich zu beglücken. Liebe schließt die zwei darunterliegenden Ebenen ein, denn wer liebt, ist gleichzeitig fasziniert und hat natürlich auch nicht das geringste Problem, seine Situation zu akzeptieren. Und sie schließt die drei unteren Ebenen aus, denn kein Liebender kann dem Leben gegenüber gleichgültig, ablehnend oder gar ängstlich sein.

Ich übte mich jahrelang im sogenannten "Loslassen", also in der Akzeptanz meiner jeweiligen Situation. Der Kosmos reagierte entsprechend: Er akzeptierte mich auch. Aber das war's dann auch schon! Liebevoll erfuhr ich ihn erst, als ich mich auf Liebe einzuschwingen begann. Liebe erhöht dein Schwingungsniveau wie nichts anderes. "Nun aber bleiben Hoffnung, Glaube, Liebe, diese drei. Die Liebe aber ist die Größte unter ihnen." (1. Kor. 13:13)

Wer sich auf Liebe einstellt, "schwingt" nicht andauernd in euphorischen Liebesgefühlen und wird auch nicht notwendigerweise zu einem verklärten Heiligen oder abgehobenen "Gutmenschen" werden. Was jedoch in jedem Fall geschehen wird, ist, dass sich die Person, die dir am nächsten steht, nämlich DU, in allen Lebensbereichen erfolgreicher und harmonischer erleben wird als zuvor. Und ich meine, das ist doch schon eine ganze Menge, oder?

# AGAPE – die Liebe ohne Objekt

Schon nach wenigen Tagen des Liebe-Übens begriff ich, dass ich auf eine Goldader gestoßen war, doch als ich den Versuch unternahm, meine Erfahrung zu kommunizieren, machte ich die verblüffende Entdeckung, dass nahezu niemand verstand, wie das funktionieren soll. “Liebe kann ich doch nur dann empfinden, wenn es dafür einen konkreten Anlass gibt”, hielt man mir entgegen, “wenn ich verliebt bin zum Beispiel. Wenn mir Liebe entgegengebracht wird oder wenn ich richtig gut drauf bin! Aber wie um alles in der Welt soll ich denn unter all den Widrigkeiten des alltäglichen Lebens in der Schwingung der Liebe bleiben? Kann man Liebe denn einfach so mir nix dir nix erzeugen? Liebe ist doch schließlich kein Instant-Getränk aus dem Automat!”

Stimmt. Nur dass die Liebe dir viel näher ist, als jeder Automat es sein könnte. Liebe ist deine wahre Natur. Sie ist ständig bei dir. Ja sogar in dir. Sie ist dir näher noch als die Luft, die dich von allen Seiten umgibt. Ist es etwa anstrengend zu atmen?

Denk doch bitte mal daran, wie das war, als du dich verliebt hast. Wie kam das? Und was geschah da eigentlich mit dir? Du lerntest jemanden kennen, der dich magnetisch anzog. Vielleicht kannst du noch nicht einmal genau sagen, was genau der Grund dafür war. Auf jeden Fall hat es *Zoom* gemacht, oder? Die Liebe ergriff dich. Du warst wie verzaubert. Wie ausgewechselt. Wie umgedreht. Selbst wenn sich der geliebte Mensch nicht in deiner Nähe befand - du musstest nur an ihn denken, und schon stellten sich die grandiosen, elektrisierenden Empfindungen ein. Man konnte es dir ansehen. Man sprach dich vielleicht sogar darauf an: “Mein Gott, du bist ja auf Wolke sieben!”

Erinnerst du dich? Weißt du noch, wie glänzend du dich dabei fühltest? Entstand dieses wundervolle Gefühl etwa **außerhalb** von dir? “Natürlich nicht”, wirst du antworten, “natürlich entstand es **in mir**”. Wenn es aber in dir entstand, hast du es dann nicht **in dir selbst** erzeugt? “Nein, nein!” wirst du jetzt wahrscheinlich erwidern, “nicht ich habe es erzeugt, Peter, Petra (oder wie auch immer der geliebte Mensch hieß) hat es in mir erzeugt! Ohne ihn/sie wäre das völlig unmöglich gewesen!”

Das ist jedoch nur die halbe Wahrheit, denn eigentlich bewies dir die geliebte Person lediglich, zu welch großen Liebesgefühlen DU fähig bist! Mit anderen Worten: Sie befreite das Potenzial deiner eigenen Liebesfähigkeit. Sie durchbrach die Mauer, hinter der du dein Potenzial, zu lieben und geliebt zu werden, im Allgemeinen verbirgst.

Sie fand den Schlüssel zu deinem Herzen. Und deshalb strömte die Liebe aus dir heraus. Denn wo nichts ist, kann nichts werden. Wie bei einem Dammbruch: Ohne aufgestautes Wasser kann ein Damm unmöglich brechen! Peters oder Petras Liebe zu dir ließ den Strom deiner Liebe ansteigen und brachte den Damm, hinter dem sich deine Liebe verbarg, zum Einsturz. Die Liebe war jedoch vorher schon da. War in dir selbst, in deinem Herzen. Nur eben nicht offenbar, nicht manifest.

Vielleicht hast du dich schon öfter als einmal verliebt. Warst du nicht irgendwann mal der Meinung, du könntest niemand anderen als "Peter oder Petra" so sehr lieben? Weshalb konntest du dann einige Zeit später beispielsweise gegenüber "Rainer oder Gabi" dieselben oder zumindest ganz ähnliche Empfindungen hegen? Manche Menschen verlieben sich während ihres gesamten Lebens viel öfter als zweimal und glauben dennoch jedes Mal, nun endlich, endlich die große Liebe gefunden zu haben. Hatten sie sich jedes Mal vorher getäuscht? Nein, sicher nicht! Sie hatten jedes Mal - wenn auch in verschiedener Intensität **- ihre ihnen vorher lediglich verborgene Liebe im eigenen Inneren** erfahren. Nur stellten sie später fest, dass die Person, die ihre Empfindungen zu erwecken vermochte, im Zusammenleben nicht zu ihnen passte. Und das blockierte schließlich den Liebesstrom in ihrem eigenen Inneren. Und so glaubten sie nun, sie hätten die Liebe wieder verloren ...

Wenn wir begreifen, dass die Schwingung der Liebe nicht abhängig ist vom Objekt unserer Liebe, können wir uns jederzeit selbst in den Zustand der Liebe versetzen. Natürlich nicht mit den speziellen Gefühlen erotischer Liebe. Liebe in Form von EROS ist nur in romantischen Beziehungen oder sexuell stimulierenden Situationen erfahrbar. Zur Unterscheidung benutzten die alten Griechen für freundschaftliche Gefühle der Liebe den Begriff PHILIA. Und wenn sie uneigennützige oder absichtslose Liebe empfanden, nannten sie diese AGAPE.

AGAPE manifestiert sich jedoch nicht nur, wenn wir absichtslos lieben. Sie ist vielmehr der Ursprung aller anderen Formen der Liebe und lässt sich daher in keine Kategorie pressen. Wann immer du liebst, ob mit oder ohne Objekt, ist AGAPE essentiell gegenwärtig.

AGAPE scheint so weit von uns entfernt zu sein wie der Mars von der Erde. In Wirklichkeit aber ist uns AGAPE am allernächsten. Gerade AGAPE lässt sich zu jedem Zeitpunkt und in jeder Situation in uns selbst erzeugen, weil sie nicht von äußeren Umständen abhängig ist. Wie? Denke einfach das Wort "Liebe", oder sage dir innerlich: "Ich liebe." Behaupte es einfach, versuche nicht, es zu empfinden. Wenn du ein Gefühl erwartest, verweigert es sich paradoxerweise gerade dann, wenn du dich darauf konzentrierst oder es unbedingt haben willst. Wer sich in AGAPE übt, bekommt es "irgendwie". Mal mehr, mal weniger intensiv. Wer sich hingegen fragt, wie

Liebe sich anfühlt oder ob das Gefühl in ihm sich richtig anfühlt, steckt sofort fest. Gefühle richten sich nach deinen Gedanken. Oder anders gesagt: (Gedanken-) Energie fließt immer in die Richtung deiner Aufmerksamkeit. Ganz von allein. Letztlich ist es eine Entscheidung, nämlich die, **den inneren Zustand der Liebe mehr zu lieben als jedes andere Objekt deiner Liebe.** Mit der Zeit wird dir der innere Zustand der Liebe - AGAPE selbst - mehr bedeuten als jeder äußere Umstand!

Jetzt, in diesem Moment, ist Liebe verfügbar. Einfach, indem du deine Aufmerksamkeit auf sie lenkst. Mach dir keine Gedanken darüber, wie du sie erzeugst oder ob du sie "richtig" erzeugst. Sie ist da, sobald du dich für sie entscheidest. Selbst wenn du dich zunächst nicht außergewöhnlich liebevoll fühlst.

Probier es doch gleich einmal aus. Im Moment liest du. Also lies nicht nur einfach so weiter. Entscheide dich dafür, das Lesen **zu lieben.** Das wird keine euphorischen Liebesgefühle in dir erzeugen, aber deinen inneren Schwerpunkt verlagern. Vielleicht erfährst du einfach ein wenig mehr Freude. Ein wenig mehr Heiterkeit. Ein wenig mehr Frieden. Ein wenig mehr Harmonie. Ein wenig mehr Einssein.

AGAPE bewirkt keinen Dammbruch wie EROS, nur die Schleuse wird ein wenig geöffnet und - die Liebe kann fließen. Deine Entscheidung, das Lesen zu lieben, bewirkt womöglich nicht mehr als der Flügelschlag eines

Falters.[4] Doch diese vergleichsweise geringe Energie kann der entscheidende Faktor für einen Hurrikan sein. Ebenso deine Liebe, und sei sie zunächst auch noch so gering. Sie bringt dich sofort auf ein höheres Schwingungsniveau. Und wenn du dich während des Tages immer wieder an die Liebe erinnerst und Liebe in deine Situation fließen lässt, wird sich dein Schwingungsniveau stabilisieren. Und der Kosmos wird mit Geschenken der Liebe darauf reagieren. Sei sicher.

Ganz am Ende des Buches biete ich dir einige "Trockenübungen" an, um die Empfindung der Liebe sozusagen "im Stand" erzeugen zu können. Doch um zu erleben, dass sich dein Schwingungsniveau stabilisiert, brauchst du die kontinuierliche Übung in deinem alltäglichen Leben. Nur so wird sich die Schwingung der Liebe stabilisieren.

---

*4) Im Jahr 1963 beschrieb der Meteorologe Edward Lorenz mithilfe eines einfachen Modells Luftströmungen in der Atmosphäre. Dabei entdeckte er den berühmten Effekt, wonach kleine Faktoren wie der Flügelschlag eines Schmetterlings in Südamerika darüber entscheiden können, ob sich Tage später ein Hurrikan auf die Westküste der USA zubewegt oder nicht. Zu diesem Ergebnis war er über eine sogenannte Näherungsrechnung gelangt. Unglaublich, nicht wahr? Aber Fakt.*

# Der Liebe ist es egal, wie du sie erzeugst

Kann man denn wirklich unter allen Umständen in der Schwingung der Liebe bleiben? Wie soll das möglich sein? Nun, einfach indem man sich und seine Umgebung zu lieben beginnt! Musstest du etwa ein Hochschulstudium absolvieren, um zu erkennen, wie man sich verliebt?

Es ist eine Entscheidung! Du beginnst genau da, wo du dich gerade befindest. Du wartest nicht auf irgendeinen besonderen Tag, zum Beispiel auf Silvester. Du wartest noch nicht einmal, bis du dieses Buch zu Ende gelesen hast. Du musst deine Lebenssituation nicht verändern. Du kannst sogar auf deinem Sessel sitzen-, auf der Couch liegen bleiben. Du brauchst nicht zu meditieren. Du musst dich auf nichts konzentrieren. Keine Technik erlernen. Es kann jetzt geschehen. Alles, was du tun musst, ist, nicht nur – wie immer – etwas zu denken oder zu tun, sondern in alles, was du denkst oder tust, zumindest ein wenig Liebe hineinfließen zu lassen.

Was bedeutet das: Liebe hineinfließen lassen? Seit wann fließt die Liebe? Schon immer! Schon immer ist Liebe ein Strom. Denk nur mal an die Zeit deines Verliebtseins. Durchströmte sie dich damals etwa nicht?

Im Grunde bedarf es nur der Anwendung eines ebenso genialen wie einfachen Tricks, um unseren konditionierten Verstand zu überlisten, der uns oftmals auf einer niedrigen Schwingungsebene festhält. Schwer erscheint dir das nur, solange du das Resonanzgesetz noch nicht anerkennst und Liebe als Anordnung, Anforderung, Gebot oder kirchliches Dogma empfindest. Sobald dir bewusst wird, dass deine Lebensziele schneller Wirklichkeit werden, wenn sich dein Schwingungsniveau erhöht, und dass Liebe der effektivste Weg dazu ist, wird dir die Übung mindestens ebenso wichtig erscheinen wie jede andere Verpflichtung im täglichen Leben.

Dieses Bewusstsein setzt die Kriterien, nach denen du "normalerweise" liebst oder nicht liebst, außer Kraft. **Nun liebst du nicht mehr, weil du bestimmte Menschen, Dinge oder Situationen liebenswert findest. Du liebst, weil du merkst, wie gut es dir dabei geht.** Wie stark du innerlich bleibst. Wie belastbar du wirst! Wie wenig dich Zwistigkeiten und schwierige Situationen berühren können! Du liebst, weil du von Tag zu Tag mehr erfährst, wie sich deine Beziehungen und Lebensumstände positiv wandeln. Du liebst, weil du merkst: Noch nie zuvor war ich so eins mit mir selbst und dem Kosmos. **Und deshalb**

**spielt das Objekt deiner Liebe nicht mehr die entscheidende, sondern eine untergeordnete Rolle.**

Liebe wird zu deiner Medizin, wenn du verwundet bist. Liebe wird zu deiner Tasse Kaffee, wenn du Anregung brauchst. Liebe wird zu deinem Beruhigungsmittel, wenn du Gelassenheit brauchst. Liebe wird zu deinem Genussmittel, wenn du positive Schwingungen brauchst.

Muss es denn unbedingt Liebe sein? Reicht es nicht, wenn ich mir sage, ich "akzeptiere" oder ich "mag" es? Es ist in jedem Fall vorteilhafter, als den Dingen gleichgültig, ablehnend oder ängstlich gegenüberzustehen. Aber warum sollten wir uns mit weniger als Liebe begnügen?

Noch einmal: Es geht nicht darum, WAS du liebst, sondern nur darum, DASS du liebst! Was geschieht, wenn du dich auf Liebe einschwingst? Du berührst dein innerstes Wesen, das Liebe ist. Die Schwingung der Liebe wird dich zwar in den wenigsten Fällen dazu animieren, vor Freude an die Decke zu springen, jedem deiner Nachbarn einen Strauß Blumen zu kaufen oder einem Bettler in der Fußgängerzone dein Monatsgehalt in den Hut zu werfen. In jedem Fall aber kommst du in Harmonie mit dir selbst. Wenn du in der Liebe konstant bleibst, bleibt auch deine Schwingung konstant.

Du wirst erst dann erfahren, wie ungeheuer kraftvoll diese Übung ist, wenn du dich für diesen Übungsweg entscheidest. Mach dir klar, dass es nicht um die Erfüllung eines religiösen Gebots oder ethischen Maßstabs, sondern um die Erhöhung deines Schwingungsniveaus geht. Als Nebeneffekt werden sich auch deine sozialen Kontakte verbessern. Als Nebeneffekt wirst du mit anderen Menschen (auch Tieren und Dingen) pfleglicher, fairer und respektvoller umgehen können.

Bei dieser Übung geht es nicht darum, sich innerlich zu verbiegen oder äußerlich zu verändern. Im Gegenteil, das wäre nur hinderlich zur Veränderung deines Schwingungsniveaus. Lass hinsichtlich dieser Übung alle Anstrengung außen vor. **Sei wie sonst auch**, nur mit dem Unterschied, dass du dich so, wie du bist, so, wie du denkst, so, wie du fühlst, so, wie du dich im Kontext mit anderen erlebst, aktiv zu lieben beginnst.

Wenn du es als gläubiger Mensch gewohnt bist zu beten, bete weiter, doch nicht mechanisch - liebe das Beten. Folgst du einem Guru, folge ihm weiter, solltest du ihn aus freien Stücken zu lieben vermögen. Betest du nicht, weil du Atheist bist, liebe dich in deiner Gottlosigkeit. Hast du keinen Guru, geh deinen Weg weiter allein, doch liebe dein Leben in eigener Regie. Nur eine Entscheidung gilt es zu treffen: die Entscheidung zu lieben.

Wenn ich morgens sehr früh aufstehen muss, fühle ich mich manchmal ziemlich bescheiden und würde am liebsten liegen bleiben. Doch die Pflicht ruft - ich muss mich erheben. Also schlurfe ich missmutig ins Bad und beginne mit meiner Morgentoilette. Genau in diese Situation gilt es nun, Liebe fließen zu lassen. Wie das möglich sein soll?

Einfach indem man sich so gut es geht auf Liebe einstellt und einschwingt.

Gut möglich, dass ich dabei zunächst kaum etwas empfinde. Vielleicht sagt sogar etwas in mir: "Du belügst dich doch selbst!" Oder: "Ich will diese Situation gar nicht lieben. Ich wäre viel lieber liegen geblieben!" Nun, dann umarme ich mich eben genau in diesem Zustand der Ablehnung. Thaddeus Golas sagt: **"Was du auch immer tust, liebe dich dafür, dass du es tust. Was du auch immer denkst, liebe dich dafür, dass du es denkst."** Das ist der Trick: Genau da zu beginnen, wo du dich gerade befindest. Du brauchst keinen Standard zu erfüllen. Du musst die Ebene der Liebe nicht wie ein Gipfelstürmer erklimmen. Sie kommt vielmehr auf die Ebene herab, auf der du dich gerade befindest, und verwandelt sie.

Probiere es aus. Es funktioniert. Hundertprozentig. Liebe bringt dich "in Schwung" wie nichts anderes. Auch wenn du nicht so euphorische Liebesgefühle empfinden wirst wie vor einem Rendezvous, wird dein Missmut Beine bekommen und sich aus dem Staub machen.

Viele Situationen in unserem Leben hassen wir zwar nicht, aber wir lieben sie auch nicht. Wir befinden uns mehr oder weniger in einem neutralen Raum. Wenn man dich fragt, wie es dir geht, sagst du dann vielleicht, wenn du ehrlich bist: "Man lebt!" oder: "Na, es geht so!" Wenn wir uns neutral oder gleichgültig fühlen, ist es sehr leicht, auf die Schwingungsebene der Ablehnung heruntergezogen zu werden. Dann magst du weder dich noch die anderen. Und wie du aus eigener Erfahrung weißt, ist dieser emotionale Zustand weder für dich noch für andere Menschen besonders ersprießlich.

Wenn du in solchen Situationen keine Liebe in dir zu empfinden vermagst, ist das völlig normal, und es wäre kontraproduktiv, dich dazu zu zwingen. Der Trick, sich dann in einen Zustand der Liebe zu bringen, klingt unglaubhaft, erweist sich jedoch in der Erfahrung als wirksam. Probier doch mal aus, dir in solchen Situationen zu sagen: "In meiner Gleichgültigkeit umarme ich mich." Oder: "Dafür, dass ich heute so gleichgültig bin, liebe ich mich." Oder: "Ich hülle meine Gleichgültigkeit in Liebe." Oder, wenn dir das alles zu schwülstig klingt: "Auch wenn ich heute so gleichgültig bin, liebe ich mich." **Behaupte es einfach, versuch nicht, es zu empfinden.** Das Gefühl kommt dann "irgendwie" von ganz allein.

Thaddeus Golas behauptet: "Der Erleuchtung ist es egal, wie du sie erlangst." Ich weiß aus Erfahrung: Auch der Schwingung der Liebe ist es egal, wie du sie erzeugst. Wenn nichts anderes da ist, bemühe dich nicht, etwas Liebenswertes in deiner Umgebung zu finden, und mach einfach deine Gleichgültigkeit zum Objekt deiner Liebe. Liebe dich in deiner Gleichgültigkeit. Wenn du darin ein wenig geübt bist, bedarf es noch nicht einmal eines ausformulierten Gedankens. Du erinnerst dich einfach an die Liebe, und schon fließt sie in deine jeweilige Situation.

# Der Filter der Liebe

Liebe zieht nicht nur positive Erfahrungen an, sie schützt uns gleichzeitig vor negativen Einflüssen. Sie ist wie ein Filter, der nur für positive Erfahrungen durchlässig ist. Negative Einflüsse werden wie der Kaffeesatz aufgefangen. Im Kleinen ebenso wie im Großen.

Ich erlebte diesen Filter (im Kleinen) gerade erst wieder vor einigen Wochen in einem Seminar. Kaum einmal habe ich während meiner über zehnjährigen Trainertätigkeit so massiven Widerstand erfahren wie in dieser Gruppe. Die ersten ein, zwei Stunden machte es mir keine Mühe, meinen powervollen inneren Zustand mehr zu lieben als die Wand der Ablehnung, die mir entgegenschlug, obwohl mich die unterkühlte Atmosphäre natürlich keineswegs unbeeindruckt ließ. Doch nach ein paar Stunden begann mich die Ignoranz und Sturheit der Teilnehmer mordsmäßig zu ärgern. Natürlich sagte ich mir: “Liebe sie einfach!” Doch das änderte nichts an meiner Antipathie ihnen gegenüber. Also liebte ich mein Nichtlieben-Wollen. Denn nur das war mir in dieser Situation ohne Anstrengung möglich. Erst gegen Nachmittag spürte ich eine deutliche Wandlung, und die Gesichter begannen sich mehr und mehr zu entspannen. Ab und zu zeigten sich bei einigen sogar so etwas wie Sympathiebezeugungen für mich. Was war nur geschehen?

In der nächsten Kaffeepause kam schließlich eines der Teammitglieder auf mich zu und erzählte mir grinsend, die Gruppe habe vor dem Seminar geplant, den Trainer fertig zu machen, weil ihnen durch ihre Firma ein Seminarthema vorgesetzt worden war, das sie für vollkommen entbehrlich gehalten hatten. "Und warum haben Sie nicht an Ihrem Vorsatz festgehalten?", fragte ich ihn. Er zuckte mit den Schultern. "Wir wissen es selbst nicht genau. Normalerweise ziehen wir so was durch, aber irgendwie schien uns das plötzlich alles nicht mehr der Mühe wert." Für mich war es ein Beweis für die Filterfunktion der Liebe. Und ich bin mir ziemlich sicher: Hätte ich mich auf die Schwingung meiner Antipathie eingelassen, hätten sie es womöglich geschafft, mich total aus dem Tritt zu bringen.

Nun magst du mir vorwerfen: Du willst uns etwas über Liebe erzählen und bist noch nicht einmal fähig, Menschen zu lieben, bei denen du nicht sofort offene Türen einrennst? Du wirst es nicht glauben, doch gerade deshalb fühle ich mich dazu qualifiziert! Denn ich bin kein Jünger der Liebe, der sich selbst und seine eigenen Interessen auf dem Altar radikaler Selbstverleugnung geopfert hat. Selbstaufopferung oder gar Askese liegen mir so fern wie einem

Löwen der Vegetarismus. Meine Intention ist es, das Resonanzgesetz optimal zu nutzen. Und das hat nur insofern etwas mit Liebe zu tun, als sich unsere Schwingung durch Liebe am schnellsten erhöht. Sich zur Liebe zu zwingen würde in dieser Hinsicht sogar kontraproduktiv sein und wäre darüber hinaus keine Liebe, sondern lediglich die pflichtgemäße Erfüllung ethischer Normen.

Die sollten wir freilich haben und so gut es uns möglich ist nach ihnen leben, doch Liebe als Schwingung kann nur dann erzeugt werden, wenn wir keinen Widerstand empfinden. Und wenn wir für etwas oder jemanden keine Liebe empfinden, beginnen wir immer genau an dem Punkt, an dem Liebe möglich ist. Wenn nichts anderes als Antipathie vorhanden ist, dann umarme dich in diesem Zustand, und lass diese so erzeugte Liebe in dir dann zu denen fließen, die sich in einer ungünstigen Schwingung befinden. Das ist manchmal das Beste, was du für einen anderen Menschen tun kannst. Und ich habe nicht nur einmal erlebt, dass diese Energie ankommt und sichtbare Veränderungen bewirkt.

Angenommen, du beobachtest einen Zeitgenossen, der sich völlig daneben benimmt, und denkst: "So ein Blödmann!" dann tu bitte zwei Dinge nicht: Erstens: Mach dir keinen Vorwurf, dass du so lieblos oder respektlos über ihn denkst, denn Vorwürfe halten dich auf demselben niedrigen Schwingungsniveau. Zweitens: Investiere keine Energie in diese negative Beurteilung, sondern umschließe sie sofort mit Liebe. Das wird sie neutralisieren und dich zu einer respektvollen, liebevollen Haltung zurückbringen.

Wenn du im Büro das Gefühl hast: “Könnte ich doch Urlaub machen, anstatt vor diesem doofen Bildschirm zu sitzen und langweilige Tabellen zu erstellen!”, dann lass den Gedanken einfach so stehen und liebe dich dafür, dass du so negativ denkst. Nicht mehr.

Angenommen, du bist auf 180, weil dir ein unverschämter Autofahrer den Vogel zeigt, dann lass in diesen Zustand des “Kurz-vor-dem-Ausrasten-Seins” Liebe fließen. Angenommen, du stehst im Stau und bist nervös, weil du einen wichtigen Termin verpasst, wenn sich der Stau nicht auflöst, dann liebe dich in deiner Nervosität. Wenn du ein Verkäufer oder Berater bist und einem unsympathischen oder cholerischen Kunden begegnest, dann liebe dich für deinen inneren Widerstand oder in deinen Befürchtungen ihm gegenüber. Wenn irgend möglich, geh noch einen Schritt weiter und sage ihm, natürlich nur in Gedanken, dass du ihn liebst. Denk dran: Nicht ER ist das Objekt deiner Liebe, sondern DEIN emotionaler Zustand, dein Schwingungsniveau, das durch Liebe ansteigt und verhindert, dass du seine negativen Schwingungen wie ein Staubsauger in dich hineinziehst und dich entsprechend verunreinigt fühlst. Ich könnte dir eine ganze Reihe von Verkäufern aufzählen, die dieser Übung äußerst skeptisch gegenüberstanden und heute aus eigener Erfahrung auf sie schwören.

Wenn du ein visueller Mensch bist, kannst du dir Liebe als eine fließende Lichtsubstanz vorstellen, aber das ist nicht unbedingt erforderlich. **Sobald du dich für die Liebe entscheidest, wird es dir gelingen.** Probiere es aus, um zu erleben, was diese Übung in deiner Haltung und deinen Emotionen zu bewirken vermag.

Je länger du auf diesem Übungsweg bist, desto mehr erhöht sich dein Schwingungsniveau, und dann wird es dir immer öfter gelingen, Situationen und Menschen zu lieben, selbst wenn sie dir nicht sonderlich sympathisch erscheinen. Doch solange dies nicht der Fall ist, umgib sie einfach mit Liebe, indem du dir bewusst machst, dass es dir damit am besten geht.

Du wirst nicht verhindern können, dass du immer wieder einmal von niedrigen Schwingungseinflüssen heruntergezogen wirst. Deine Entscheidung, in alles, was du denkst oder tust, **ein wenig Liebe zu bringen**, erzeugt lediglich **eine nahezu unmerkliche Schwingung**, ähnlich dem Flügelschlag eines Falters. Doch ebenso, wie dieser geringe Energieaufwand unter bestimmten Umständen einen Hurrikan begünstigt, wird die Schwingung der Liebe jede negative Anwandlung in dir sofort überlagern, sodass du in Harmonie mit dir selbst bleiben kannst.

Sobald du das nächste Mal ein negatives Gefühl oder Bild in dir wahrnimmst, entscheide dich einfach, dich eben dafür zu lieben. Ohne Anstrengung, nur so viel, wie du kannst. Verweigere dich dem negativen Gefühl oder

Bild nicht, verdränge es nicht, sondern öffne dich dafür, sieh es dir sogar genau an und sage dir: "Ich liebe mich dafür, dass ich das denke (fühle, wahrnehme)!" Einfach so, als Test sozusagen. Die Wirkung wird dich verblüffen. Es ist, als ob du Wasser ins Feuer gießt: Der Brand ist meistens sofort oder wenig später gelöscht.

Wo steht geschrieben, dass du nur das lieben darfst oder kannst, was du liebenswert oder sympathisch findest? Wer hat dich dazu verpflichtet? Steht es etwa in unserer Verfassung? Musst du ein Bußgeld dafür bezahlen, wenn du einfach liebst, weil du dich dabei besser fühlst? Natürlich nicht. Du und nur du entscheidest darüber, aus welchem Motiv heraus du etwas oder jemanden lieben willst. Selbst deinen Hass kannst du mit Liebe umgeben. Selbst Langeweile und Missmut. Selbst deinen Brummschädel nach einer durchzechten Nacht. Selbst einen Verkäufer im Baumarkt, der auf deine Frage, wo du etwas Bestimmtes findest, so sauer reagiert, als hättest du dich eines Verbrechens schuldig gemacht. Selbst einen Kellner, der auf deine Reklamation mit Ignoranz reagiert und entgegnet: "Bisher hat es allen Gästen geschmeckt!" Selbst einen sturen Beamten, der auf einem völlig sinnlosen Stück Papier beharrt, das du nicht dabei hast, kannst du mit Liebe umgeben. Des Menschen Wille ist sein Himmelreich. Das gilt auch für die Entscheidung, in alles Liebe zu bringen.

# Lieben, was ist

In der Nähe des Hauses, in dem ich wohne, steht eine Parkbank, in die folgender Satz geschnitzt wurde: "Alles ist schön, was du mit den Augen der Liebe betrachtest." Wie wahr! Leider findet all das Schöne in unserem Leben oftmals zu wenig Beachtung. Wie oft latschen wir durch unsere Welt, als wären wir blind oder taub! Geh mit den Augen der Liebe durchs Leben, und du wirst täglich vieles Schöne wahrnehmen. Der Lebensmittelmarkt um die Ecke wird sich nicht verändern, doch du wirst womöglich bemerken, welch ein ungeheurer Reichtum dir dort täglich zur Verfügung steht. Dein Büro wird sich nicht verändern, doch du wirst womöglich ein Gefühl der Dankbarkeit dafür empfinden, dass du Arbeit und nette Kollegen hast. Der tägliche Stau wird sich nicht verändern, doch du wirst dich womöglich über die Prosperität der Wirtschaft freuen, ohne die sicher nicht so viele Leute auf unseren Straßen unterwegs wären. Vielleicht wohnst du noch nicht in der Villa, von der du träumst, vermagst aber urplötzlich einige der altbekannten Gegenstände und Möbel in deiner Wohnung wieder zu schätzen. Schon länger verheiratete Paare könnten begreifen, dass ihre langjährig erprobte und gewachsene Beziehung viel wertvoller ist als die kurzlebige Affäre, nach der sie sich insgeheim sehnen. Das Grau in Grau des alltäglichen Lebens würde einem farbenfrohen Wechselspiel weichen, wenn, ja wenn wir alles mit den Augen der Liebe betrachten könnten. Auch Dankbarkeit, Anerkennung, Begeisterung, Faszination ist Liebe in anderer Form.

Die Situation, in der du dich befindest, der Ort, an dem du gerade bist, das, was du gerade tust, so, wie du dich gerade fühlst, so, wie alles im Augenblick aussieht, sich anhört, riecht oder schmeckt - genau das ist jetzt dein Übungsfeld. Und ich sage dir: Es gibt kein optimaleres für dich.

"Welch ein Unsinn!" mag der eine oder andere von euch erwidern, "genau aus diesem ungünstigen Zustand will ich doch raus!" Das glaube ich dir ja, doch du kommst da wahrscheinlich nie raus, solange du dir nur wünschst rauszukommen. Denn dein sehnlicher Wunsch "rauszukommen" erzeugt eine Schwingung, die der Kosmos als Echo zurückwerfen wird. Das bedeutet: Du wirst genau die Lebensumstände erleben, die deine unerfüllte Sehnsucht bestätigen und sogar zementieren. Solange du glaubst, nach etwas suchen zu müssen, was du noch nicht hast, wird der Kosmos nach dem Resonanzgesetz deine Lebensumstände so arrangieren, dass du nie das Gefühl hast, angekommen zu sein.

Wünsche, Sehnsüchte und Ziele sind an sich nichts Schlechtes. Im Gegenteil: Sie verleihen uns Antrieb und Motivation. Doch wie sehr du den Bogen deiner Lebenskraft spannst, um mit dem Pfeil deines Wunsches mitten ins Schwarze zu treffen - wenn du nicht irgendwann loslässt, wird er niemals am Ziel ankommen können. Wenn du in deine gegenwärtige Situation etwas mehr Liebe bringst, brauchst du dir um das Loslassen keine Gedanken mehr zu machen. Es geschieht einfach. Wer sich "bemüht" loszulassen, sabotiert seine Absicht, weil jegliches Bemühen, auch das ums Loslassen, genau das Gegenteil von Loslassen ist.

Auf deiner Suche nach **dem** Erfolgsgeheimnis hast du vielleicht schon von der Technik des Visualisierens gehört und sie vielleicht sogar praktiziert: "Stell dir vor, dass du schon da bist, wo du sein willst, und dein Ziel wird sich materialisieren." Das funktioniert zwar. Und doch: Jahrelang visualisierte ich meine Ziele, und manche realisierten sich auch, der entscheidende Durchbruch aber erfolgte erst, als ich mich darin übte, in der Schwingung der Liebe zu bleiben. Denn anstatt in meinem Zielbild zu "schwingen", schwang ich tagsüber viel zu oft in dem Gefühl meiner Unzufriedenheit darüber, dass es sich noch nicht erfüllt hatte. Anstatt in meinem Zielbild schwang ich viel zu oft in der Sehnsucht: "Ach, wenn doch endlich das und das eintreffen würde!" Und genau **darauf** - auf diese Schwingung - reagierte der Kosmos.

Er arrangierte meine Lebensumstände in einer Weise, die mich dieses Gefühl der Unzufriedenheit, diese Sehnsucht nach Zielerreichung, maßstabsgetreu erleben ließ.

Thaddeus Golas erkannte: "Alles, was sich manifestiert, ist da, weil wir uns geweigert haben, dies anzuerkennen. Obwohl dies schwer zu glauben ist, besteht der Ausweg nicht darin, weiterhin Widerstand zu leisten ..., sondern in der bereitwilligen Anerkennung des Vorhandenen, kurz: indem wir es lieben."

Nun magst du denken: Okay, ich habe begriffen. Ich lasse los! Ich nehme meine Situation an. Ich liebe sie! Jedoch schon wenig später merkst du: Ich kann sie gar nicht annehmen, weil sie mich ankotzt! Ich will sie auch gar nicht lieben. Alles, was ich will, ist vorankommen! Alles in mir rebelliert gegen meine gegenwärtige Situation!

Fantastisch, wenn du so aufrichtig zu dir sein kannst, denn alles andere wäre Verdrängung und würde deine Schwingung überhaupt nicht verändern. Annehmen bedeutet in diesem Fall: Du liebst deine Rebellion. Du lässt Liebe in dein Nicht-lieben-Wollen fließen. (Nur so viel, wie du kannst.) **Denn es geht überhaupt nicht um das Objekt deiner Liebe. Es geht nur darum, dein Schwingungsniveau zu verändern!** An welchem Punkt du damit beginnst, ist vollkommen gleichgültig!

Wenn einer meiner Leser nun sagen sollte: "Das ist doch alles Quatsch, hirnrissig, esoterischer Bockmist!" – auch kein Problem, wenn du dich in deiner Ablehnung und Aggression zu lieben beginnst. Du musst das Resonanzgesetz nicht verstehen, um es zu erleben. Nur die Voraussetzungen musst du schaffen. Einen Test ist es auf jeden Fall wert, oder nicht?

**Lieben, was ist**, das bedeutet nicht, wunschlos zu werden, keine Sehnsucht mehr zu kennen und alles fatalistisch zu akzeptieren, was sich ereignet. Es bedeutet auch nicht, sich nie mehr zu ärgern, nie mehr wütend zu werden, nie mehr zu streiten, nie mehr zu trauern. Es geht überhaupt nicht darum, negative innere Zustände zu verdrängen oder sich zu bemühen, problematische Situationen durch die "rosarote" Brille zu sehen. **Lieben, was ist, das bedeutet**: Du lässt alles so, wie es ist, und fügst lediglich jeder Situation, jedem inneren Zustand, LIEBE hinzu. Oder anders gesagt: Du gewöhnst dir einfach an, dich in allem und jedem zu lieben. Dies ist der einfachste und effizienteste Weg, um deinen Geist selbst in schwierigsten Situationen auf einem hohen Schwingungsniveau zu bewahren.

Der Kosmos ist kein lebloses Ding, sondern ein höchst empfindlicher Resonanzkörper. Du brauchst deine Wünsche und Ziele nicht gebetsmühlenhaft zu wiederholen. Schon in dem Augenblick, in dem du sie formulierst, empfängt sie der Kosmos wie eine Geige die Schwingung der Saiten in ihrem Hohlraum. Lass dich auf die Schwingung der Liebe ein, denn nach dem Gesetz der Resonanz sind diese Noten am besten geeignet, um in deiner Erlebniswelt die Melodie der Glückseligkeit und des Lebenserfolgs erklingen zu lassen. Das ist nicht nur eine schöne Formulierung - du wirst es erleben.

# Du liebst immer – fragt sich nur WIE!

Hört sich dieser Satz für dich irgendwie falsch an? Ich meine, nicht nur aufgrund der Behauptung als solcher, sondern auch wegen des "WIE" ganz am Ende. Sollte es nicht vielmehr heißen: Du liebst immer – fragt sich nur WAS?

Nein, nein, ich meine schon WIE. Denn das WAS bezieht sich ja lediglich auf das Objekt unserer Liebe. Und diese Objekte verändern sich ständig: Heute liebst du dein neues Auto, und ein winziger Kratzer am Lack macht dich fuchsteufelswild. Ein paar Monate später sagst du dir, dass schließlich alles nach dem Gesetz der Entropie den Bach runtergeht, wozu eben auch deine "Blechkiste" gehört. Zu diesem Zeitpunkt entzückt dich womöglich die Vorstellung einer Reise rund um die Welt.

Du liebst immer – fragt sich nur WIE! Ich behaupte: Wir können gar nicht anders als lieben! Liebe ist alles, was wir ersehnen. Egal, was jemand erreicht, wie viel Geld er besitzt, welche Position er in seiner Firma einnimmt, wie viel Erfolge er vorweisen kann – fehlt ihm die

Liebe, ist er nicht nur arm dran, er ist der "ärmste Hund" auf der Welt. Jeder Bettler, der seine geringen Tageseinnahmen zählt und dabei Liebe empfindet, ist ihm haushoch überlegen.

Hast du den Widerspruch in meinen Aussagen entdeckt? Einerseits behaupte ich, dass jeder Mensch liebt. Anderseits sage ich, dass dir die Liebe fehlen kann. Was ist nun richtig? Wie so oft: beides. Du liebst immer, weil Liebe deine wahre Natur ist. Weil Liebe alles ist, was existiert. Sie fehlt dir, weil du vielleicht noch nicht weißt, WIE man so lieben kann, dass man möglichst beständig ihr freies, ungehindertes Fließen erlebt.

Ist dir bewusst, dass jedes Gefühl, das du als Nicht-Liebe identifizierst, in Wahrheit auch Liebe ist? Das ist das Erste, was du lernen müsstest, um möglichst beständig in der Liebe als deiner wahren Natur bleiben zu können.

Warum bist du deprimiert? Warum ängstlich? Warum wütend? Nur aus einem einzigen Grund: Weil du dich in deiner Liebesenergie blockiert fühlst. Und ist sie blockiert, wird sie in deiner Wahrnehmung zu dem Gegenteil dessen, was sie in Wahrheit ist.

Du bleibst immer Liebe. So wie elektrische Energie immer elektrische Energie bleibt, selbst wenn es durch unsachgemäßen Umgang mit ihr zu einer "erhöhten Spannung" kommt, die zu einem Kurzschluss führen kann.

Lass uns die Umkehrung der Liebe in ihr (scheinbares) Gegenteil an einem praktischen Beispiel betrachten: Du liegst im Bett, hattest gerade wundervollen Sex mit deinem Partner. Du fühlst dich befreit, ruhst in dir, schaust ihm/ihr liebevoll in die Augen. Vor dem Einschlafen sprecht ihr noch ein wenig miteinander, vielleicht über einige Ereignisse des Tages. Dein Partner erzählt dir nun ganz nebenbei: "Übrigens, morgen Abend kommen Dieter und Hannelore vorbei. Ich hab sie zum Abendessen eingeladen." "Wie bitte?", entgegnest du entrüstet und merkst, wie dir das Blut in den Kopf schießt (erhöhte Spannung), "du hast tatsächlich, ohne mir ein Sterbenswörtchen zu sagen, gerade diese beiden Knalltüten eingeladen? Wo du doch weißt, wie die mir auf den Senkel gehen? Was hast du dir denn dabei gedacht?" Vorbei ist's mit der Idylle.

Vorbei mit der Liebe? Nur scheinbar! Denn in Wirklichkeit liebst du auch jetzt, in dieser für euch beide so unersprießlichen Situation. Nur dass der Liebesstrom in dir durch deine innere Blockade in seinem freien Fließen gestört wird. Die Spannung erhöht sich, und wenn dir DAS nicht bewusst wird, kann es zweifellos dazu kommen, dass er einen Kurzschluss verursacht und eure Idylle zerstört. Vielleicht springst du sogar aus dem Bett, schläfst im Wohnzimmer und verlässt am nächsten Morgen ohne ein Wort zu verlieren mürrisch das Haus.

Du liebst immer, nur deine Vorstellungen, WIE etwas zu sein hat, um es lieben zu können, blockieren deine Liebe und **scheinen** sie zu etwas anderem zu machen als das, was sie immer ist – in unserem Beispiel zu Wut.

Negative Emotionen sind nichts anderes als Liebe, die sich in ihrem Fließen blockiert fühlt. Denn in Wahrheit existiert nichts anderes als Liebe. Wenn du die Welt mit den Augen der Liebe betrachtest, wirst du selbst in deiner Wut, deiner Trauer oder in deiner Angst nichts anderes als Liebe erblicken – Liebe allerdings, die aufgrund deiner inneren Blockade in ihrem freien Fließen behindert wird, was zu einem "Kurzschluss" führen kann. Würde dir das bewusst, könntest du in jeder Situation, die dich emotional runterzieht oder in Rage bringt, zum Beobachter deiner negativen Gefühle werden. Dadurch würdest du wesentlich schneller in deinen ursprünglichen Zustand frei fließender Liebe zurückkehren und den "Kurzschluss" vermeiden.

Das soll jedoch nicht bedeuten, nie mehr wütend, traurig oder ängstlich werden zu können. Das ist nicht nur unmöglich, sondern wäre auch nicht sonderlich nützlich. Stell dir nur einmal vor, du würdest nicht wütend werden, wenn dein Partner eigenständige Entscheidungen trifft, ohne dich vorher zu fragen oder zumindest zu informieren! Dann würde er ja gar nicht erkennen können, dass dir dieses eigenmächtige, rücksichtslose Handeln missfällt. Somit könnte er es auch an sich nicht verändern. Und das wiederum würde den Strom der Liebe in eurer Partnerschaft behindern – und vielleicht sogar irgendwann stoppen, sodass ihr euch trennt.

Wut, Trauer und Angst (und all die Abwandlungen dieser Emotionen wie beispielsweise Eifersucht, Bitterkeit,

Missmut, Reizbarkeit, Gram, Enttäuschung, Unmut etc.) sind wertvolle Signale, um zu erkennen, was das freie Fließen der Liebe behindert und was du tun musst, um möglichst beständig in ihrer Schwingung zu bleiben und ihr Fließen in dir zu bewahren. Was negative Gefühle zu einer zerstörerischen Kraft macht, ist einzig und allein die totale Identifikation mit ihnen. Und selbst dann sind sie nichts anderes als Liebe, die sich immer weiter von sich selbst entfernt und dadurch das Gegenteil dessen zu sein scheint, was sie in Wahrheit ist. Wann wird es finster? Immer nur dann, wenn Licht sich entfernt. Dunkelheit ist daher letztlich nichts anderes als Licht in seiner Abwesenheit.

Wem nicht bewusst ist, dass nicht nur positive Gefühle, sondern auch alle negative Gefühle Liebe sind, die sich lediglich durch irgendein Ereignis blockiert fühlt, hat kaum eine Chance zum Beobachter seiner negativen Gefühle zu werden und ihre Signale vorteilhaft zu deuten.

Wenn du dir aber dessen bewusst wirst, dass du nichts anderes sein KANNST als Liebe, wirst du bei und während jeder emotionalen Blockade sofort erkennen, was dabei in Wahrheit geschieht: Die Liebe (du selbst in deiner wahren Natur) fühlt sich in ihrem Fließen gestoppt! Und wird dadurch automatisch zum Gegenteil dessen, was sie ist, wenn sie frei und ungehindert fließen kann.

Versuchen wir also nicht zu verhindern, dass negative Gefühle entstehen. Viel besser ist es, wir lassen sie zu, bleiben aber währenddessen in dem Bewusstsein, dass wir **auch darin Liebe sind.**

Was würde geschehen, wenn dies dem nicht informierten Partner in unserem Beispiel bewusst wäre? Es könnte ihn sicher nicht daran hindern, wütend zu werden, doch während seine Wut in ihm aufsteigt und ihn zu entsprechenden Vorhaltungen veranlasst, würde er sich mit seiner Wut nicht - oder zumindest nicht lange - identifizieren. Er wäre sich vielmehr dessen bewusst, dass seine Wut Liebe ist, die sich blockiert fühlt.

Sobald wir erkennen, dass wir in jedem Fall Liebe sind, hat kein negatives Gefühl mehr Macht über uns. Mit anderen Worten: Es kann uns nicht mehr beherrschen. Es wird vielmehr zu einem wertvollen Werkzeug in unseren Händen. Und noch etwas wird geschehen: Wenn du das Werkzeug nicht mehr benötigst, wirst du es zurücklegen können und deine wahre Natur sofort wieder in ihrem ungehinderten Fließen erleben - als wäre überhaupt nichts geschehen.

Wie viele Menschen tragen über Wochen, Monate, ja manchmal auch Jahre negative Gefühle mit sich herum? Werden krank dabei. Psychisch und physisch. Zerstören sich selbst. Nur weil ihnen niemals bewusst wurde, dass sie in Wahrheit Liebe sind. Bloß weil sie nicht erkennen, dass die Liebe in ihnen lediglich blockiert ist und sich nur aus diesem Grund (scheinbar) in ihr Gegenteil verkehrt hat.

Warum sage ich "scheinbar"? Weil sich Liebe nur deshalb in negativen Gefühlen manifestiert, um uns klarzumachen, welche konkreten Situationen sie in ihrem Fließen behindern. Wenn wir zu Beobachtern werden, können wir blitzschnell analysieren, was uns blockiert. Und wenn wir uns mit unseren negativen Gefühlen nicht identifizieren, sind wir in der Lage, sachlich und nüchtern über geeignete Lösungswege nachzudenken.

Du bist fähig, jeden negativen Zustand sofort zu verändern. JETZT in diesem Moment. Einfach indem dir bewusst wird, dass du Liebe bist und niemals - hörst du: **NIEMALS** - etwas anderes sein KANNST. Wenn die Liebe in dir nicht frei fließt, liegt es immer nur daran, dass das, WAS du liebst oder nicht liebst, oberste Priorität hat. Du hast vergessen, WIE die Liebe in dir alle Hindernisse wegzuräumen und frei zu fließen vermag. Die Liebe zur Liebe ohne Objekt hat nur eine Priorität: Sich selbst zu erfahren. Egal, WAS geschieht.

# Loser lieben sich nicht

Nun mag jemand sagen: "Alles schön und gut. Aber wie soll ich die Welt umarmen, wenn man übel über mich redet, wenn ich ungerecht behandelt, hintergangen oder gar bedroht werde? Werde ich mit so einer "soften" Einstellung nicht untergebuttert?"

Im Gegenteil: Wer sich **nicht** liebt, wird zum Loser oder zum Softie.

AGAPE kann hart sein. AGAPE kann sogar härter sein als in EROS oder PHILIA wurzelnde Liebe, die in puren Hass umschlägt. Doch ihr Motiv ist nie Härte um der Härte willen. Liebende sind immer nur dann hart, wenn sie keine andere Möglichkeit sehen, um sich selbst oder andere Menschen zu lieben.

Manche alleinerziehenden Mütter opfern sich für ihre erwachsenen Söhne selbst dann noch auf, wenn sie wissen, dass sie von ihnen belogen, betrogen und ausgenutzt werden. Sie gewähren ihnen mietfreien Wohnraum, räumen ihren Dreck weg, kochen für sie, waschen ihre Klamotten, stecken ihnen Geld zu, obwohl die Söhne die Liebe der Mutter ausnutzen und nicht im Traum daran denken, ihr oftmaliges Versprechen wahrzumachen und ihr Leben selbst in die Hand zu nehmen.

Das ist keine Liebe. Das ist, du wirst es vielleicht nicht glauben wollen, nichts weiter als ein ziemlich törichtes EGO-Spiel. Die Mutter kann schlicht nicht loslassen. Sie kauft sich die Liebe des Sohnes, indem sie auf seine egoistischen Wünsche eingeht. Und der nutzt sie wegen seiner Bequemlichkeit schamlos aus. AGAPE würde diesen EGO-Trip nicht mitmachen und den Sohn stattdessen an die frische Luft setzen. Ohne Hass allerdings. Ohne Verbitterung auch. Wahrscheinlich nicht ohne Tränen. Vielleicht schweren Herzens. Aber durchaus konsequent. Irgendwann aus dem Nest geworfen zu werden, ist für die Entwicklung unserer Kinder mindestens ebenso wichtig wie die Wärme des Nests zu erfahren. Und es ist ebenso wichtig für das Selbstwertgefühl und den legitimen Anspruch der Mutter auf ihr eigenes Leben.

Kindern kann man nicht alles durchgehen lassen. Antiautoritäre Erziehung hat nichts mit Liebe zu tun. Es ist lediglich eine Philosophie, deren Wurzeln in falsch verstandenem Humanismus gründen. Wiederum gilt es zu unterscheiden: Welches Motiv bestimmt unser Handeln? Lieben wir unsere Kinder, kann ein hartes Wort oder eine Handlung, die ihnen Grenzen aufzeigt, durchaus angemessen sein. Sind sie uns aber gleichgültig oder sind wir nur ungeduldig mit ihnen, empfangen sie also keine Liebe durch unsere Worte und unser Handeln, so ist dieser

Mangel durch nichts zu ersetzen. Weder durch Strafen noch durch anti-autoritäre Erziehung.

Ist es Liebe, wenn eine Frau bei einem Mann bleibt, der Alkoholiker ist und keine Bereitschaft zu einer Entziehungskur zeigt? Mitnichten! Das ist nichts anderes als Abhängigkeit oder Hörigkeit. Besser einen Trinker als gar kein Gegenüber haben! Besser mit einem Trinker alt werden, als im Alter einsam zu sein. AGAPE wird dich dazu drängen und dir auch dabei helfen, dich von ihm zu trennen. Denn das ist gleichzeitig die einzige Möglichkeit, um einem Alkoholiker wirklich zu helfen. Wenn du konsequent bist und dich von ihm trennst, egal welchen Preis du dafür bezahlst, wird er vielleicht zu einer Entziehung bereit sein, und du kannst wieder mit ihm zusammenleben. Und wenn nicht, richtet sich zumindest nur einer zugrunde. So rational ist AGAPE.

Dasselbe Prinzip gilt für Scheidung. Ein Mensch, der seinen Partner verlässt, vielleicht sogar um eines oder einer Geliebten willen, mag uns egoistisch, vielleicht sogar unmenschlich und brutal erscheinen. Doch das ist nicht immer der Fall. Manchmal entspringt diese Vorgehensweise purer Liebe. Was resultiert denn aus einer Beziehung, die nur noch um der Kinder willen künstlich aufrechterhalten wird? Meinst du, die Kinder würden nicht spüren, dass es zwischen den Eltern aus und vorbei ist? Meinst du, sie würden die negativen Schwingungen zwischen den Eltern nicht mitbekommen? Weit gefehlt!

Wie sehr diese auch um Harmonie bemüht sind – Kinder haben feine Antennen für Schwingungsfrequenzen. Und sind diese negativer Natur, schaden wir ihnen dadurch viel mehr als durch einen klaren Schnitt. Ein echtes Problem ist es nur, wenn Paare sich mit Hass im Herzen trennen und ihre Probleme womöglich auch noch auf dem Rücken der Kinder austragen. Paare, die sich mit dem Motiv trennen, eine unfruchtbar gewordene Beziehung zu kappen, handeln viel mehr in Liebe als solche, die ständig zu kitten versuchen, was nicht mehr zu kitten ist.

Wenn ein Unternehmer Mitarbeiter entlassen muss, um wettbewerbsfähig zu bleiben oder einen drohenden Konkurs abzuwenden, so kann selbst dieser harte Schnitt aus Liebe geschehen. Wir können das Motiv einer unternehmerischen Entscheidung nicht von außen beurteilen. Es könnte natürlich ebenso sein, dass der Unternehmer egoistisch nur an seinen eigenen Gewinn denkt. Und leider ist dies heutzutage bei sogenannten Restrukturierungsmaßnahmen viel öfter das Motiv als Liebe. Wenn aber Gewerkschaften, nur um ihre Existenzberechtigung zu beweisen, auf eine Tarifpolitik pochen, die den Unternehmen mehr schadet als nützt, hat das ebenfalls nicht das Geringste mit Liebe zu den Arbeitnehmern zu tun.

Wenn jemand in dein Haus einbricht und dein Leben bedroht, wird AGAPE dich sicherlich nicht dazu drängen, ihm zu bekennen: “Ich liebe dich über alles, raube mich aus, töte mich nur." So ein Verhalten würde beweisen, dass du zwar deinen Feind, aber weder deine Familie noch dich selbst liebst. AGAPE würde dich dazu animieren, den Verbrecher zu entwaffnen, selbst wenn du dabei Gewalt anwenden müsstest, ja selbst, wenn dies im schlimmsten Fall den Tod des Kriminellen herbeiführen würde. Lieblosigkeit oder Hass ist eine Einstellung. Liebe beweist sich nicht in einem spezifischen Handeln, sondern durch das Motiv, aus dem heraus du handelst.

Aikido-Meister sind im Kampf höchst spirituell, ja sogar liebend. Sie nutzen eine Kampftechnik, die die Energie des Gegners durch geschickte Manöver auf ihn selbst zurücklenkt und ihn dadurch schlägt. Wenn du selbst im Kampf liebevoll bleiben willst, wäre es ratsam, diese Technik zu erlernen. Pazifismus dagegen hat nichts mit Liebe zu tun, sondern mit übersteigertem, völlig unrealistischem Idealismus. Stell einem Pazifisten die Frage, was er tun würde, wenn man seine Familie vor seinen Augen umbringen würde. Wenn er tatsächlich antwortet: "Kampflos zusehen!" wäre damit lediglich bewiesen, dass er seine Ideologie mehr liebt als seine Familie.

Was motivierte Stauffenberg, Hitler zu töten? Etwa Hass? Oder war es die Sorge um sein Volk, um die Welt, die ihn zum Anschlag auf den Tyrannen veranlasste? Zweifelsohne könnte seine Motivation Liebe gewesen sein, denn er brachte sich selbst, sein eigenes Leben, in große Gefahr und kam sogar darin um. Also kann selbst

Mord Liebe sein? In diesem Fall, um die Welt von einem Tyrannen zu befreien, mag das womöglich der einzig gangbare Weg sein.

“Liebe deine Feinde” bedeutet nicht: Wehr dich nicht! Lass dich umbringen! Mag sein, dass deine Kampfstrategie darin besteht, dem Gegner nach dem Schlag auf die linke Wange auch die rechte darzubieten, doch das solltest du höchstens dann tun, wenn du darin eine reelle Chance siehst, ihn durch diesen ungewöhnlichen Liebesbeweis im wahrsten Sinne des Wortes zu “entwaffnen”.

Es gibt eine schöne Geschichte von einem ZEN-Meister, der sich einem Dieb, der in sein Haus eindrang, nicht zur Wehr setzte, sondern ihn sogar mit mehr als dem beschenkte, was er ihm wegnehmen wollte. Einige Zeit später, nachdem der Dieb gefasst und dabei offenbar wurde, dass er auch Wertgegenstände aus dem Haus des Zen-Meisters bei sich trug, obwohl der nach wie vor dabei blieb, ihm das Gut geschenkt zu haben, wurde der Dieb zu einem seiner treuesten Schüler und später selbst ein ZEN-Meister. Ich bin mir sicher, der alte erfahrene ZEN-Meister wusste, dass dieser Dieb sich durch sein ungewöhnliches Handeln verändern würde. Liebe handelt nicht töricht, wenn es kein Motiv dafür gibt.

Als der Autor des Gebotes “Liebet eure Feinde” den Tempel besuchte und dabei sah, dass dieser entweiht worden war, machte er sich eine Geißel aus Stricken und vertrieb die Händler mit Schlägen. Hatte er damit nicht seinem eigenen Gebot widersprochen? Oder war es AGAPE, die ihn dazu trieb, den Händlern eine Lektion zu erteilen, die ihnen wie nichts anderes klarzumachen vermochte, dass dies nicht der Ort war, um Handel zu treiben?

Das Motiv und der Kontext unseres Handelns entscheiden darüber, ob wir liebevoll oder hasserfüllt handeln. Das Handeln, isoliert von Motiv und Kontext betrachtet, ist dafür kein Maßstab. Wer Jesus beim Vertreiben der Händler beobachtet hätte, ohne sein Motiv und den Kontext der Handlung zu kennen, hätte sicher nicht für möglich gehalten, dass es Liebe war, die ihn zu diesem drastischen Schritt veranlasste, wovon ich allerdings überzeugt bin.

Mit all diesen Beispielen möchte ich nur klarmachen, dass Liebe keineswegs bedeutet, zu passiven, töricht handelnden Softies und Losern zu degenerieren, die alles und jedes über sich ergehen lassen, ohne sich zur Wehr zu setzen oder zu kämpfen. Doch die Art, wie wir kämpfen, wird eine andere sein. Vor allem aber das Motiv unseres Handelns.

Lass dich niemals ungerecht behandeln, egal, worum es dabei geht, denn das wäre lieblos dir selbst gegenüber. Aber lass deinen Kampfgeist nicht von Hass oder Wut motiviert sein. **Kämpfe nicht, weil du den anderen hasst, sondern weil du dich liebst.** Dadurch wirst du wie Wasser. Wasser ist unglaublich kraftvoll und gleichzeitig weicher als Samt. Es sucht sich immer den schnellsten Weg, um an allen Hindernissen vorbeizufließen und sein Ziel, das Meer, zu erreichen.

Wodurch wirst du im Kampf wie Wasser? Indem du deinen Kampf nicht mit Aggression gegenüber dem Gegner, sondern aus dem Motiv der Liebe für dich selbst oder andere führst. Es ist völlig normal, wenn du zunächst Angst oder Wut empfindest, wenn man dich oder andere Menschen ungerecht behandelt oder bedroht. Der Grund dafür ist unser Reptiliengehirn, zuständig für unsere Wachsamkeit und für Flucht- oder Kampfverhalten. Es ist das älteste Bauteil unseres Gehirns und ca. 500 Millionen Jahre alt.

Wenn unser Vorfahr ein gefährliches Raubtier wahrnahm, erhielt sein Reptiliengehirn in dieser Situation den Impuls: Achtung! Lebensbedrohende Gefahr! Sofort wurden die entsprechenden Maßnahmen eingeleitet: Sein Körper konzentrierte all seine Energie darauf, den Organismus auf die lebensrettende Flucht oder auf Kampf einzustellen. Sämtliche anderen Funktionen wurden sofort blockiert.

Wenn dich jemand ungerecht behandelt, reagiert das Reptiliengehirn, denn es nimmt eine potenzielle Gefahr wahr und will dein Überleben sichern. Deshalb die Angst! Deshalb die Wut! Deshalb der Hass! Diese Gefühle erzeugt das Reptiliengehirn, um dich zur Flucht aufzufordern oder auf Kampf einzustellen.

Doch heute besitzen wir noch zwei andere Gehirne – einmal den Neokortex, das Gehirn des Lernens, des Schreibens und der Arithmetik. Es arbeitet weitgehend unbehindert von den Signalen aus der Innenwelt und besitzt die Fähigkeit zu differenzieren und zu abstrahieren. Und dann ist da noch das limbische System, unser emotionales Gehirn, das den Hirnstamm wie einen Saum umschließt. Mit dem limbischen System versuchte die Natur, das Reptiliengehirn mit einer Art "Denkkappe" zu versehen. Dem Menschen wurde dadurch ein besseres Bild sowohl von seinen inneren Zuständen als auch von seiner Umwelt vermittelt. Nun konnte er sich effizienter auf neue Situationen einstellen, deren Bedeutsamkeit besser bewerten und aus ihnen lernen.

Die beste Reaktion auf die Signale des Reptiliengehirns ist, dich durch die Liebe zu dir selbst auf die Bedrohung oder den Kampf einzustellen. Nutze die "Denkkappe" deines limbischen Systems, des emotionalen Gehirns, und erhöhe dein Schwingungsniveau durch die Liebe. Das wird die Aggression in positive Energie umwandeln. Vielleicht wirst du dann sogar den Angreifer lieben. So wirst du samtweich und zugleich stahlhart sein. Die beste Voraussetzung, um zu gewinnen.

# Erfolg durch Liebe

Was macht uns erfolgreich? Wissen? Können? Fleiß? Ehrgeiz? Erfahrung? Vitamin B? Unsere Gene? Glückliche Umstände? Natürlich – oberflächlich betrachtet. Letztlich aber ist Erfolg die kosmische Resonanz auf die entsprechende Schwingung. Wenn du in diese Schwingung hineinkommst und darin bleibst, steht dir die Welt offen, und deine kühnsten Träume könnten sich erfüllen.

Hast du schon einmal darüber nachgedacht, weshalb einige Menschen trotz mancher Niederlagen und Verluste immer wieder auf die Beine kommen und andere trotz all ihrer Fähigkeiten, ihrer Ausbildung und ihrer Intelligenz immer auf demselben bedrohlich niedrigen finanziellen Niveau herumkrebsen? Frag sie, all die erfolgreichen Künstler, Topmanager, Unternehmer, Erfinder, Aktionäre, Lottomillionäre: Was hat euch erfolgreich und wohlhabend gemacht? Manche werden dir darauf antworten, dass sie einfach unglaublich viel Glück im Leben hatten. Andere werden ihren Erfolg auf ihr unermüdliches Schaffen zurückführen. Wieder andere auf ihre Vision, Strategie, Klugheit, Ausbildung, Cleverness, Durchsetzungskraft usw. Alles richtig und doch - letztlich falsch. Denn Erfolg ereignet sich einfach, wenn du in der Erfolgsschwingung bist.

Jeder der aufgeführten Faktoren könnte dazu beitragen, dich "in Schwingung" zu bringen. Aus diesem Grund gibt es die verschiedensten Erfolgsbiografien. Wenn du jedoch nicht herauskommst aus der Misserfolgsschwingung, kannst du abwechselnd Hand- und Kopfstände machen - aufgrund des Resonanzgesetzes wirst du erfolglos bleiben. Andere, die weniger können und weniger wissen als du und dabei vielleicht auch noch stinkfaul sind, werden an dir vorbeiziehen. Schau dich um, und du wirst genügend Beispiele für diese Behauptung finden. Um nur eines zu nennen: Ist der Pop-Titan und Schmuddelschriftsteller Dieter Bohlen etwa sonderlich intelligent, begabt oder sozial kompetent?

Noch einmal: Liebe ist die höchste Frequenz, auf der wir zu schwingen vermögen. Dementsprechend hoch wird die Qualität unserer Lebenserfahrungen und Lebensumstände sein.

Wenn du in der Schwingung der Liebe bleibst, brauchst du dich um die Erreichung deiner Ziele und Wünsche wie Erfolg, Wohlstand oder Gesundheit nicht mehr sonderlich zu kümmern. Sie fallen dir zu wie reife Äpfel, wenn die Erntezeit gekommen ist. Und wenn du eines deiner Ziele nicht erreichen solltest, kannst du sicher sein, dass die Erntezeit noch nicht da ist oder dass dir das anvisierte

Ziel nicht die Erfüllung gebracht hätte, die du mit ihm in deiner Vorstellung verbindest. Selbst negative Erlebnisse haben eine höchst positive Bedeutung, wenn du sie mit den Augen der Liebe betrachten kannst.

Es spielt dann, wenn du liebst, keine Rolle, ob du deine Wünsche visualisierst, aufschreibst, nach NLP-Kriterien wohl formulierst oder als Bestellung ans Universum schickst. Sie werden erfüllt, wenn du durch deine Schwingung in Resonanz bist mit all dem im Kosmos, das deinen Erfolg begünstigt und vorantreibt.

Vielleicht bist du gerade arbeitslos. Dein Bankkonto weist rote Zahlen auf. Du hast Angst, zum Sozialhilfeempfänger zu werden. Werde dir einfach bewusst, dass Liebe dein Schwingungsniveau am schnellsten und effektivsten erhöht. Denke nicht, das geht nicht, wenn dein Bankkonto leer ist. Es geht! Das war eine der ersten Lektionen, die mir eine ebenso resolute wie weise Dame beibrachte, als ich etwa vierzehn Jahre alt war. Wann immer ich sagte: "Das **kann** ich nicht!" erwiderte sie: "Unsinn, du **willst** es nur nicht!" Sobald du erkennst, dass du in Wirklichkeit nur nicht willst, kannst du es.

Du musst ja nicht dein leeres Bankkonto lieben. Nur Liebe hineinfließen lassen. Und zwar in dem Bewusstsein, dass die Schwingung der Liebe dein Bankkonto in Resonanz mit dem Kosmos am schnellsten auffüllen kann. Ich rede nicht aus dem hohlen Bauch. Ich habe es selbst erlebt, als ich gerade mit der Übung begann und in einer finanziell ziemlich bedrohlichen Situation war. Innerhalb weniger Wochen waren meine finanziellen Probleme gelöst. Das Wunder, das du erwartest, kann jederzeit geschehen, wenn du in deinen gegenwärtigen Zustand Liebe fließen lässt.

Als ich damit begann, in meine desolate finanzielle Situation Liebe fließen zu lassen, wurde mir mit einem Mal bewusst, dass mich nicht meine Kunden bezahlen, sondern der Kosmos. Entsprechend verhielt ich mich dann in meiner Kundenakquisition und -betreuung. Ich ließ mich nicht mehr von der Befürchtung leiten, Aufträge verlieren zu können, wenn ich Fehler in der Präsentation machte oder anderer Meinung als meine Auftraggeber war. Und siehe da, genau diese Schwingung war es, auf die der Kosmos gewartet hatte.

Natürlich wirst du dich bewerben müssen, wenn du arbeitslos bist. Vielleicht nicht nur einmal. Vielleicht Dutzende Male. Aber durch die Veränderung deiner Schwingung wirst du motivierter und zuversichtlicher werden. Und die Chance, dass deine Gesprächspartner in den Vorstellungsgesprächen auf dein erhöhtes Schwingungsniveau positiv reagieren, erhöht sich. Letztlich wird es dir nicht gelingen, eine neue Arbeit zu finden, es sei denn, du erhöhst dein Schwingungsniveau. Und selbst dann, wenn es dir gelingen sollte - wundere dich nicht, wenn du wenig später wieder arbeitslos bist. Denn Arbeit zu haben und zu bekommen hängt ab von der Schwingung, in der du dich befindest.

Was fühlst du, wenn du die 43. Absage erhältst? Natürlich Traurigkeit, Resignation oder Wut. Versuche erst gar nicht, die Absage zu lieben, sondern lass Liebe in deine negativen Gefühle fließen. Immer mit dem Bewusstsein, dass du das Bestmögliche für einen neuen Arbeitsplatz tust, wenn du in der Schwingung der Liebe bleibst.

Wer Arbeit gefunden hat, hat sich vorher mit Sicherheit - wenn auch vielleicht nur für kurze Zeit - auf ein anderes Schwingungsniveau begeben. Das mag ihm gar nicht bewusst gewesen sein, aber es ist der wahre Grund. Vielleicht führt er es auf seine Bemühungen zurück, auf sein Auftreten, seine Ausbildung, seine Referenzen. All das ist nicht unwichtig, es kann dir helfen; in Wahrheit jedoch stärken diese Faktoren dein Selbstbewusstsein, deine Zuversicht, und dies wiederum beeinflusst auch andere Menschen - alles Schwingungen, die dir letztendlich den Job verschaffen. Oder was meinst du, weshalb unzählige gut ausgebildete Akademiker mit hohem IQ arbeitslos bleiben? Die Ursache dafür ist nicht nur eine lahmende Wirtschaft. Wer sie für sein Schicksal verantwortlich macht, erzeugt eine Schwingung, die ihm in seinen Lebensumständen den Beweis für seine Annahme liefert.

Vielleicht fragst du dich, wie es möglich sein kann, dass unsympathische, ja sogar brutale und gefühlskalte Menschen ihre Ziele erreichen. Widerspricht das nicht unserer Theorie? Keineswegs, denn wer sagt uns denn, dass diese Menschen ihre Ziele nicht lieben? Meinst du ernsthaft, Geld könne fließen, solange es jemand nicht von Herzen liebt? Glaubst du wirklich, ein in Beziehungen gefühlskalter Mensch wäre unfähig, seine Karriere über alles zu lieben? Das ist ja gerade der Grund, weshalb den Dieter Bohlens auf diesem Globus alles gelingt, was sie sich vornehmen: Sie lieben ihr Ziel mit einer Ausschließlichkeit, die ihre Schwingung erhöht. Man muss kein Jünger der Liebe sein, um Geld, Karriere, Reichtum, Besitz, Ruhm oder Anerkennung zu lieben.

Vielleicht fließt in deinem Leben nur deshalb noch zu wenig Geld, weil du es nicht genügend liebst oder sogar geringschätzt? Vielleicht ist dein Karriereknick nur darauf zurückzuführen, dass du über Karrieristen abfällig denkst oder sprichst? Vielleicht erhältst du die Anerkennung, die du begehrst, nur deshalb noch nicht, weil dir deine Anonymität in der Masse in Wahrheit wichtiger ist? Du ziehst eben nur an, was du von Herzen liebst.

Wie wäre es denn, wenn du einmal dem Geld deine Liebe bekennen würdest, anstatt es verächtlich "schnöden Mammon" zu nennen? Und wenn dir das schwerfällt, dann liebe dich zumindest darin, dass es dir schwerfällt. Das mag dir als Nonsense erscheinen, aber wenn es dir tatsächlich helfen könnte, mehr davon zu besitzen, sollte dir das schon einen Test wert sein. Denk daran: Alles ist Schwingung. Natürlich auch Geldscheine und Münzen!

Einer meiner Freunde ist ziemlich wohlhabend. Wann immer ich ihn dabei beobachte, wie pfleglich er mit Geldscheinen umgeht, wenn er eine Rechnung begleicht, ist seine Liebe zu ihnen förmlich zu spüren. Welche Reaktion löst sein Verhalten in dir aus? Unverständnis? Oder gar Verachtung? Wenn das der Fall ist, würde ich mich an deiner Stelle nicht wundern, wenn das Geld wenig Lust hat, zu dir zu kommen oder bei dir zu bleiben! Geld ist kein totes Material, sondern Schwingung. Und es reagiert auf deine Gefühle ihm gegenüber.

Wer jedoch die Liebe nur auf bestimmten Lebensfeldern zur Anwendung bringt, hat einen entscheidenden Nachteil. Obwohl er erhält, was er liebt, bleibt ihm die Erfüllung in anderen Lebensbereichen versagt, solchen nämlich, die seine Beachtung nicht finden. Wie viele Reiche und Karrieristen sind todunglücklich, was ihre Beziehungen angeht? Wie viele Erfolgreiche können nur glücklich sein, wenn ihre Leistungen anerkannt werden? Weshalb? Sie haben sich ein Leben lang nur um Geld, nur um ihre Karriere gekümmert! Ihre Beziehungen zu anderen Menschen waren ihnen vollkommen gleichgültig. Die Fragen nach dem eigentlichen Sinn ihres Schaffens fanden ein Leben lang keine Beachtung. Wie sollten sich Werte wie Freundschaft, Anerkennung oder innere Erfülltheit dann in ihrem Leben manifestieren?

Liebe manches, und du erhältst manches. Liebe alles, und du bekommst alles. Wer sich dafür entscheidet, **unter**

**allen Umständen zu lieben,** sowohl in Zeiten des Erfolgs als auch in Niederlagen, wer also die Liebe ohne Objekt liebt, besitzt ein inneres Regulativ. Er wird nur die materiellen Ziele erreichen, die ihn wirklich glücklich machen, und zwar einfach deshalb, weil er auf der AGAPE-Ebene schwingt. AGAPE weiß besser als unser begrenztes Gehirn, was unserer Glückseligkeit dient und was sie letztlich verhindert. Gräme dich daher nicht, wenn dir ein Wunsch (noch) versagt bleibt. Es dient deinem Besten. Dessen sei sicher.

Es ist sehr gut möglich, dass dich der Kosmos nur deshalb (noch) knapp bei Kasse hält, weil du ohne die finanzielle Herausforderung flügellahm werden und nur einen geringen Teil deines Potenzials nutzen würdest, um dich und deine Fähigkeiten zu entfalten. Und das könnte bedeuten, dass du, obwohl wohlhabend und finanziell unabhängig, zutiefst unglücklich wärst. Wenn du liebst, kannst du dem Kosmos vertrauen. Er wird dich niemals hängen lassen!

# Management by Love

Topmanagern mag dies alles als purer Nonsens erscheinen. Wie sollte Management by Love *Management by Objectives* ersetzen? Kann Liebe etwa neue Produkte entwickeln, Märkte erschließen, Mitarbeiter führen, hohe Gewinne abwerfen? Aber freilich! Genau das würde sie nur allzu gern für dich tun, wenn du es ihr erlauben würdest. Sie wird dich weder von Management by Objectives noch von deinen Tätigkeiten befreien, du wirst als Manager weiterhin hart arbeiten müssen. Doch wenn du dich darin übst, alles, was du denkst, entscheidest und tust, mit Lust und mit Liebe zu tun, wird der Erfolg deines Unternehmens zweifellos zunehmen. Und wenn zumindest der innerste Führungskreis eines Unternehmens der Liebe eine reelle Chance einräumen würde, wäre die Firma gegenüber ihren Mitbewerbern unschlagbar.

Leider kenne ich kaum ein Unternehmen, dessen Führungskräfte dem Erfolgsprinzip der Resonanz heute schon zugänglich wären. Doch eines kann ich in jedem Fall sagen: Wo immer ich als Managementtrainer in einem Unternehmen auf einen Führungskreis treffe, der zumindest bereit ist, die interne Kommunikation offener als bisher zu gestalten, und daher Intrigen und üble Nachrede durch die Einführung einer Feedback-Kultur ersetzt, tritt sofort eine Entwicklung zum Besseren ein, die sich auch auf Umsatz und Ertrag positiv auswirkt.

Die Erhöhung der Schwingungsfrequenz im Führungskreis hat Einfluss auf die Schwingungsfrequenz der Mitarbeiter und Kunden. Dies wird nur noch so lange ein Mysterium sein, solange die Wissenschaft noch keine rational verständlichen Erklärungen für diesen kausalen Zusammenhang findet.

Mein engster Freund, ein erfolgreicher Unternehmer, der 800 Mitarbeiter beschäftigt, arbeitet schon jahrelang nach dem Prinzip Liebe, auch wenn er es mit seinem ausgeprägten Sinn für Understatement weniger pathetisch formulieren würde als ich. Selbstverständlich muss auch er manchmal knallharte Entscheidungen treffen, doch ich habe ihn schon mehr als einmal zutiefst betrübt erlebt, wenn er sich aufgrund von Sachzwängen dazu genötigt sah. Er setzt auf flache Hierarchien und ist seit der Firmengründung im Jahr 1989 immer ein Chef zum Anfassen geblieben. Selbst seine Putzfrau findet Beachtung, ein freundliches Wort, von Herzen kommende Anerkennung für ihre Arbeit. Hart in der Sache, jedoch fair und respektvoll gegenüber Menschen, das war immer seine Devise. Ich kenne keinen seiner engen Mitarbeiter, der sich nicht (aufrichtig) lobend über seinen Führungsstil äußert. Dabei ist natürlich auch er nicht frei von Fehlern, die man selbstverständlich kritisiert, doch seine respektvolle Grundhaltung bezweifelt niemand.

Und was ist das Ergebnis? Da ich dieses Unternehmen seit 1995 in der Weiterbildung begleite, kann ich mir ein Urteil erlauben: Selbst wenn die Branche in schweres Gewässer geriet, machte die Firma meines Freundes Gewinne. Es scheint eben tatsächlich einen kausalen Zusammenhang zwischen der Schwingung auf der Beziehungsebene und der Resonanz auf der Sachebene zu geben.

Ein anderes Beispiel für Management by Love fand ich in einem weltweit agierenden Unternehmen, dessen Verkaufsdirektor in allen Seminaren, die er für seine Mitarbeiter buchte, von Anfang bis Ende persönlich anwesend war. Und er drückte sich auch nicht um einige Überwindungsstrategien herum, die wir in einer stark frequentierten Fußgängerzone durchführten. Natürlich würde es auch dieser Manager tunlichst vermeiden, seinen Respekt vor den Mitarbeitern Liebe zu nennen, aber genau das, nämlich Liebe, spürte man bei ihm. Kein Wunder, dass auch er zu einem Zeitpunkt schwarze Zahlen schrieb, als die gesamte Branche unter der Kaufzurückhaltung der Kunden stöhnte und ächzte.

Deine Mitarbeiter werden sich für dich die Hacken ablaufen, wenn sie sich respektiert und nicht nur wegen ihrer Leistung, sondern auch als Mensch anerkannt fühlen. Keine Sonderprämie, kein Incentive, kein Karriereversprechen vermag Mitarbeiter so zu motivieren wie ein Chef, der das Herz am rechten Fleck hat. Selbst wenn er Opfer und harte Arbeit verlangt, wird er motivierte Mitarbeiter haben, wenn er liebt. Liebt er nicht, kann er als Manager noch so begabt, visionär und eloquent sein - niemals wird er aus seinen Mitarbeitern all das herausholen können, was in ihnen steckt. Niemals werden sie von Herzen loyal zu ihm stehen. Thaddeus Golas sagt: "Deine Schwingungen sprechen immer die Wahrheit. Du kannst niemand etwas vormachen."

Ich empfehle Managern, die sich angesprochen fühlen, den Übungsweg der Liebe zur Liebe ohne Objekt zu testen. Gehe ihn jedoch zunächst für dich ganz allein. Berichte keinem deiner Kollegen oder Mitarbeiter von deiner Entscheidung und Übung. Erst wenn du selbst von dem Weg überzeugt bist, weil sich dein Erfolg steigert, gib das Geheimnis an vertrauenswürdige Personen unter dem Siegel der Verschwiegenheit weiter. Noch leben wir nicht in einem Klima, das die offene Verbreitung dieser universalen Wahrheit erlauben würde. Denn wenn insgeheim darüber gelacht und gefeixt würde, dass "der Chef jetzt Liebe für das Erfolgsrezept Nr. 1 hält", könnte dies dem Unternehmenserfolg eher abträglich sein. Menschen brauchen einen gewissen Reifegrad, um sich dieser Gesetzmäßigkeit gegenüber zu öffnen.

# Liebe dich gesund

Ende der achtziger Jahre begann es in meinen Ohren zu pfeifen und zu klingeln. Tinnitus nennen die Mediziner dieses Phänomen, von dem man immer noch nicht genau weiß, wie und wo es eigentlich genau entsteht. Es hat Menschen gegeben, die das Ohrgeräusch als so penetrant erlebten, dass sie sich die Gehörnerven durchtrennen ließen, und doch blieb das Dauergeräusch. Daher meinen manche Experten, es entstehe im Gehirn.

Natürlich versuchte auch ich, mich durch verschiedene Therapien von dem ekelhaften Dauergeräusch im Ohr zu befreien - jedoch ohne Erfolg. Nach ein, zwei Jahren hatte ich mich halbwegs daran gewöhnt, doch immer wieder gab es Perioden, in denen ich es als außerordentlich störend und auch als deprimierend empfand. Ich wäre es auch heute noch lieber los, doch als ich mit der verrückten Übung, alles zu lieben, begann, ereignete sich etwas, was ich nie für möglich gehalten hätte: Mein Tinnitus hat mich seitdem kaum einmal wirklich gestört! Und der Geräuschpegel ist an vielen Tagen längst nicht mehr so hoch! Zwar nehme ich das Klingeln manchmal immer noch wahr, zum Beispiel gerade jetzt, wo ich darüber schreibe, aber es beeinflusst mich nicht mehr wesentlich in meiner Lebensqualität. Ich kann das nur auf die höhere Schwingungsebene zurückführen, auf der ich mich seitdem befinde.

Auf geheimnisvolle Weise blendet die erhöhte Frequenz, auf der mein Geist schwingt, die Dauergeräusche aus, sodass ich sie meist überhaupt nicht bewusst wahrnehme. Doch selbst dann, wenn sie mir bewusst sind so wie jetzt, sehe ich darin kein Problem, das mich in meiner Gefühlslage beeinträchtigen könnte. Daher kann ich allen Tinnitus-Leidenden nur wärmstens empfehlen, ihr Ohrgeräusch anzunehmen und es mit Liebe zu umranken. Ich sage ganz bewusst nicht: Liebe deine körperliche Beeinträchtigung, denn das würde wahrscheinlich nicht funktionieren. Aber du kannst sie mit Liebe umranken. Mit Liebe durchdringen. Stell dir Liebe als Heilmittel vor und lass sie in dein Ohr fließen.

Ich weiß aus eigener Erfahrung, dass dir das, insbesondere wenn du das Geräusch erst kurze Zeit wahrnimmst, völlig unmöglich erscheinen wird, denn wahrscheinlich gibt es nichts in deinem Leben, was du so abgrundtief hasst. Doch Hass wird das Ohrgeräusch intensivieren. Verzweiflung wird es noch quälender erscheinen lassen. Wenn du glaubst, es auf keinen Fall mit Liebe umschließen zu können, dann fang an, deinen Hass auf das Geräusch anzunehmen und deine Verzweiflung zu lieben. Liebende

Akzeptanz ist der Schlüssel. Ablehnung wird dich zermürben.

Es ist durchaus möglich, dass dich das Geräusch ganz verlässt oder zumindest leiser wird, wenn du höher schwingst. Doch selbst, wenn es dich nicht verlassen sollte, wie dies bei mir der Fall ist, wirst du wesentlich besser mit ihm umgehen können. Vor allem aber wird es deine Gefühle nicht mehr dominieren und dich nicht mehr herunterziehen können.

Dasselbe Prinzip gilt für alle körperlichen Beeinträchtigungen. Erhöhe zunächst deine Schwingung, indem du die Symptome annimmst und mit Liebe umgibst. Was wir Krankheit nennen, ist in Wahrheit ein Freund, der uns zeigen will, worauf es im Leben ankommt. Ob es dir bewusst ist oder nicht, du selbst bist der Verursacher deines Leidens. Lass dir deshalb aber kein Schuldgefühl einreden. Wer mit dem Rücken zu einem Herd steht und die Hand auf eine heiße Herdplatte legt, weil ihm nicht bewusst ist, dass sie glüht, wird sich dennoch verbrennen. Was macht es für einen Sinn, sich deshalb schuldig zu fühlen? Ebenso sinnlos wäre es aber, der Herdplatte oder dem, der sie anschaltete, die Schuld zu geben.

Es geht überhaupt nicht um Schuld, sondern um Ursachenerkennung. Krankheit ereignet sich, wenn wir auf niedriger Ebene schwingen. Punkt. Und wer gesund werden will, muss sich dessen bewusst werden und damit beginnen, höher zu schwingen. Der beste und einfachste

Weg dazu ist die Liebe, denn sie neutralisiert Emotionen, die uns auf niedrigen Schwingungsebenen festhalten.

Wenn dein Körper erst einmal gesundheitlich beeinträchtigt ist, kannst du nicht in jedem Fall erwarten, ihn ohne Hilfe von außen wiederherstellen zu können. Die Liebe, in der du schwingst, manifestiert sich im Außen auch durch andere Menschen, durch Ärzte, Heilpraktiker, Medizin, Therapien. Manchmal selbst durch Operationen. All das sind Geschenke der Liebe, die du annehmen solltest, wenn du den Eindruck gewinnst, sie könnten dir helfen. Bleib nicht auf der Schwingungsebene der Angst oder Ablehnung, denn auf ihr kann dir der Kosmos nicht helfen, selbst wenn du die beste Therapie erhalten solltest.

Wie kann man Angst oder Ablehnung überwinden? Ich kenne kein besseres Mittel, als diese negativen Gefühle in Liebe "einzupacken". Wann immer sie auftauchen, entscheide dich sofort für die Liebe. Wenn sie sich daraufhin nicht sofort auflösen sollten, schau dir Angst oder Ablehnung ein wenig genauer an. Vergiss dabei jedoch nicht, sie mit den Augen der Liebe zu betrachten. Vielleicht hast du lediglich versucht, die Angst zu verdrängen. Das funktioniert nicht. **Liebe verdrängt nicht.** Liebe öffnet sich für die jeweilige Situation. Funktioniert auch das nicht, vertrau dich jemandem an, der dir dabei helfen kann, Liebe fließen zu lassen. Wenn du nicht weißt, an wen du dich wenden kannst, wünsch ihn dir liebevoll herbei. Der Kosmos wird ihn dir schicken.

Wenn du gesund bleiben willst, musst du die entscheidende Lektion jeder Krankheit und jedweden Leidens lernen: **Liebe ist deine wahre Natur.** Und nur, wenn du liebst, kannst du im Einklang mit dem kleinen Kosmos deiner Erlebniswelt bleiben.

Ich weiß heute, was meinen Tinnitus verursacht hat. Ich hörte in dieser Zeit kaum mehr auf meine innere Stimme. Ich ließ mich emotional von äußeren Ereignissen bestimmen. Ich gab dem Hass und der Niedergeschlagenheit wegen dieser Ereignisse viel zu viel Raum. So entfernte ich mich immer mehr von der Liebe – meiner wahren Natur. Und mein Körper reagierte schließlich darauf. Die Liebe hatte überhaupt keine andere Wahl, als mich durch ein anfangs nahezu unerträgliches Warngeräusch in meinen Ohren vor weiterem Abdriften zu schützen. Offenbar kann sie auch heute noch nicht gänzlich darauf verzichten. Deshalb bleibt mir das Pfeifen und Klingeln, wenn auch in moderaterer Lautstärke, als eine Art Coach erhalten.

Eine Reihe einleuchtender Gründe spricht dafür, dass die Ursache der meisten, vielleicht sogar aller Krankheiten Schwingungsminderung ist und dass Schwingungssteigerung uns sowohl gesund erhält als auch gesundheitliche Störungen zu beheben oder zumindest erträglicher zu machen vermag. Jeder verantwortungsvolle und aufgeklärte Schulmediziner ist sich dessen bewusst, dass die regelmäßige Einnahme einer Medizin, eine bestimmte

Therapie oder eine Operation wenig nützen, wenn der Patient nicht an seine Heilungschance glaubt, seine Zuversicht verliert und die Hoffnung auf Genesung aufgegeben hat. Was aber bewirken Glaube und Zuversicht? Die Steigerung unseres Schwingungsniveaus. Negative Gefühle ziehen dich runter und verlangsamen deine Schwingung. Mediziner sprechen von einem geschwächten Immunsystem, doch was ist die Ursache dafür? Verminderte Schwingung. Erhöhen wir unsere Schwingung, minimieren wir das Risiko zu erkranken.

Erhöhung und Stabilisierung unserer Schwingungsfrequenz - deshalb und aus keinem anderen Grund ist auch die Art, wie wir uns ernähren, wichtig. Wenn du dich nach der Nahrungsaufnahme nicht beschwingt, sondern beschwert fühlst, kannst du sicher sein, dass du dich ungünstig ernährst. Es geht nicht in erster Linie um das, was wir essen. Auch nicht darum, wie viel. Jeder Mensch ist anders veranlagt - schwingt anders - und muss deshalb bezüglich seiner Ernährungsweise selbst herausfinden, was ihm - seiner Schwingung - guttut und was nicht.

Dasselbe gilt für Alkohol- und Nikotingenuss. Er ist nicht in jedem Fall von Übel und ungesund, wie uns manche Gesundheitsapostel weismachen wollen. Viel nachteiliger als ein Glas Wein oder eine Zigarre ist dein schlechtes Gewissen dabei, denn dieser innere Zwiespalt beeinträchtigt deine Schwingung viel mehr als Alkohol und Nikotin, obgleich dies keine Aufforderung zu ungehemmtem Alkohol- und Nikotingenuss sein soll. Im Gegenteil: Mach deine Schwingung zum Kriterium bei allem. Wenn du merkst, dass dich ein Lebens- oder Genussmittel beeinträchtigt, beschwert, bedrückt, träge oder nervös macht, reduziere oder vermeide es. Was dich jedoch beschwingt beziehungsweise deine Schwingung erhöht, dich also vitalisiert, aufbaut, in Harmonie mit dir sein lässt, beruhigt, das kann dir nicht schaden.

Ab und zu eine ausgelassene Party zu feiern, bei der du nicht abstinent bleibst, kann zur Erhöhung deines Schwingungsniveaus viel besser geeignet sein als eine asketische Lebensweise oder die strikte Einhaltung bestimmter Normen aus Angst vor Erkrankung. Angst ist nur dann ein guter Ratgeber, wenn du sie mit den Augen der Liebe betrachtest und ihr Signal richtig verstehst.

Kürzlich las ich, dass der Arzt von Altbundeskanzler Schmidt diesem drei Empfehlungen gab: "Hören Sie nicht auf zu rauchen, abends Ihr Glas Wein zu trinken und zu arbeiten." Der Grund: Wenn er in seinem Alter versuchen würde, mit diesen langjährigen Gewohnheiten zu brechen, wäre dies für seinen Körper (ich würde stattdessen sagen: für sein Schwingungsniveau) belastender, als sie weiter zu pflegen. – Wie umsichtig und weise ist dieser Arzt!

Solltest du eine Gewohnheit, die du in Bezug auf deine Schwingung als abträglich erkennst, nicht abstellen können oder glauben, es nicht zu können, so liebe dich dafür. Selbsthass oder Resignation ist kein probates Mittel zur Entwöhnung. Wenn du dich so liebst, wie du bist, wird sich deine Schwingung erhöhen. Und auf dieser Grundlage wird es dir dann auch gelingen, nachhaltige Veränderungen in deiner Lebensweise einzuleiten.

Nehmen wir als Beispiel die Entwöhnung vom Rauchen. Du könntest sofort damit aufhören, wenn, ja, wenn du nur wolltest. “Ich **will** doch!” entgegnest du jetzt vielleicht entrüstet, “ich **kann** es nur nicht!” Der erste Schritt zur Steigerung deiner Schwingungsfrequenz bestünde darin, diesen Glaubenssatz zu streichen. Wie man das macht? Ersetze ihn einfach durch: Jeder, der das Rauchen aufgeben WILL, KANN es. Punkt. Vielleicht GLAUBST du nicht, dass du es kannst, weil du deinen Vorsatz, nie mehr zu rauchen, möglicherweise schon öfter als einmal über Bord geworfen hast. Oder weil bereits einige deiner Versuche kläglich scheiterten. Mag sein, dass du nicht GLAUBST, dass du es KANNST. Aber du kannst! Jeder, der will, kann es! Verlass dich darauf.

Wenn du zu den Rauchern gehörst, die daran zweifeln, sich das Rauchen abgewöhnen zu können, obwohl sie es wollen, empfehle ich dir, erst einmal weiterzurauchen und dich fürs Rauchen und währenddessen zu lieben. Auch wenn dir das schwerfallen mag, weil du es im Grunde hasst, dieser “Sucht” verfallen zu sein. Wobei wir bei der zweiten Bedingung angelangt wären: Liebe auch deinen Hass auf das Rauchen, und dafür gibt es sogar einen logischen Grund: Ohne die Aggression auf das Rauchen hättest du viel weniger Energie zur Verfügung, um ein Nichtraucher zu werden. Wisse: Aggression ist Power zum Abgewöhnen, doch wenn du sie nicht als solche würdigst und liebst, verkehrt sie sich in ihr Gegenteil und nimmt dir Energie. Daher: Liebe dich in der Aggression gegen das Rauchen. Alle deine inneren Aspekte, auch die "schlechten", haben eine positive Absicht. Erkenne dies an, indem du jeden Aspekt liebst. Liebe dich für dein Verlangen nach dem Rauchen, liebe dich für den Zweifel, dass du jemals aufhören kannst, liebe dich für deinen Hass auf die Sucht, liebe dich für deinen Wunsch aufzuhören. Liebe dich rundherum!

Wenn du ein Liebender wirst, steigt dein Schwingungsniveau. Tag für Tag. Woche für Woche. Du brauchst dich wirklich um sonst nichts zu kümmern. Wenn du wirklich mit dem Rauchen aufhören **willst**, kommt der Tag, an dem du von heute auf morgen mit dem Rauchen aufhören **wirst**. Wenn du ein starker Raucher sein solltest, ist es sinnlos, das Rauchen zu reduzieren, du musst es beenden. Lass also deine Schwingung durch die Liebe ansteigen. Der Tag kommt, an dem du den Mut hast zu sagen: Ab morgen ist Schluss! Es ist durchaus möglich, dass du vorher noch auf etwas stößt - ein Buch, irgendeine Methode, einen Menschen -, das dir GLAUBEN hilft, dass du es diesmal schaffst. Aber letztlich hängt alles davon ab, dass du zunächst einmal höher schwingst. Denn auf einer niedrigen Schwingungsebene ist die Gefahr riesengroß, dass dein Vorsatz schon bei der ersten Versuchung wie ein Streichholz einknickt.

Auch körperliche Bewegung erhöht unsere Schwingung. Deshalb begann ich vor einigen Jahren zu joggen. Alle Jogger werden bestätigen, wie wohl sich Körper und Geist fühlen, wenn man sich am besten schon morgens dazu überwindet, etwa eine halbe Stunde zu laufen. Natürlich kann man auch Fahrrad fahren, schwimmen oder tanzen. Dem Körper Bewegung zu verschaffen ist ein Akt der Liebe ihm gegenüber, und er honoriert ihn mit erhöhter Schwingung, die das Immunsystem stärkt und deinen Geist frei macht.

## Durch Liebe ins zeitlose Jetzt

Esoterisch interessierte Menschen suchen nach Erleuchtung. Paradoxerweise ist die Suche nach ihr genau das, was sie verhindert. Denn was bedeutet Erleuchtung? Ich weiß nicht, was du dir darunter vorstellst, aber Erleuchtung schlägt zumeist nicht ein wie ein Blitz. Und sie vermag dich auch nicht über Nacht zu einem weisen Guru zu machen. Bei den meisten Menschen kommt sie in Perioden ansteigender Klarheit. Erleuchtung ist einfach unser natürlicher Zustand, und nur deshalb, weil wir uns von ihm entfernt haben, sind wir nicht erleuchtet. Je "erleuchteter" jemand ist, desto natürlicher, offener und umgänglicher wird er dir erscheinen. Je weniger erleuchtet jemand ist, desto affektierter, absonderlicher, komplizierter und distanzierter ist er. Erleuchtung bedeutet: Du siehst dich und die Welt ohne Interpretation des Verstandes. Direkt. Ohne den Filter deiner Bewertung. Genauso, wie alles in Wirklichkeit ist. Und glaub mir: Dann wirst du nur Liebe entdecken.

Im erleuchteten Zustand spielt es eine untergeordnete Rolle für dich, was du gerade tust, wo du gerade bist, wer du gerade bist, was du gerade hast oder nicht hast, wie man auf dich reagiert oder wie man dich gerade beurteilt. Du bist einfach da und liebst dein Dasein so, wie es gerade ist.

Das Einzige, was du in deinem Leben verändern musst, ist, dich darin zu üben, bei allem und jedem zu lieben. Auf diese Weise kannst du immer im Jetzt bleiben. Wenn du das liebst, was du JETZT gerade erlebst, wirst du Vergangenem nicht nachtrauern oder Dinge in der Zukunft ersehnen. Und selbst, wenn deine Gedanken in die Vergangenheit oder die Zukunft abschweifen, Schuldgefühle, Ängste oder Sorgen auslösen: Sobald du dich dafür liebst, bist du wieder im zeitlosen Jetzt.

Praktisch bedeutet das: Du bist weder wunschlos noch verdrängst du den Wunsch nach einem äußerlich angenehmeren Leben. Deine unerfüllten Wünsche können dich, wie jeden anderen Menschen auch, manchmal auch unzufrieden machen. Doch du reagierst darauf anders – nämlich mit Liebe. Was auch immer sich in dir ereignet, du umschließt es mit Liebe. Wer sich in allem liebt, bleibt in seinem innersten Wesen und damit im zeitlosen Jetzt.

Nehmen wir einmal an, du erlebst etwas, das dir Angst macht. Normalerweise trennt dich Angst von deiner wahren Natur. Deshalb fühlen wir uns im Zustand der Angst verloren, einsam, entwurzelt, alleingelassen. Wenn du dich jedoch dafür entschieden hast, alles zu lieben, dann liebst du dich für die Angst, sobald sie auftaucht. Und dadurch bleibst du in deiner wahren Natur. "Furcht ist nicht in der Liebe. Die völlige Liebe treibt die Furcht aus." (1. Joh. 4:18) Du kannst dich von der untersten auf die höchste Schwingungsebene begeben, wenn du dich in deiner Angst liebst.

Wenn du schon einmal etwas über Erleuchtete gelesen hast, weißt du, dass sie einerseits zu Beobachtern und andererseits eins mit dem Kosmos wurden. Sie sehen die Welt wie eine Art Film, in dem sie gleichzeitig als Akteur mitspielen. Das mag dir zum einen widersprüchlich, zum anderen unerreichbar erscheinen. Wenn du dich jedoch darin übst, alles zu lieben, kommst du spontan genau in diesen Zustand. Obwohl du wie jeder andere Mensch weiterhin manche Orte, Situationen und Tätigkeiten mehr als andere bevorzugst, spielt es für dich nicht mehr die **entscheidende Rolle**, was du gerade tust, was gerade geschieht oder wo du dich gerade befindest. Ob du auf einer Trauminsel am Strand liegst oder in einem Lebensmittelmarkt Ware ins Regal räumst - indem du liebst, wird jede Handlung, jeder Ort, jedes Geschehnis sinnvoll und wertvoll, weil du in jeder Situation dasselbe glückselige Sein erfährst. Kein Unterschied darin. Das Leben wird zu einer Art Karussell, in dem du das Zentrum bildest. Zwar sitzt du mit deinem Körper in einem der Wagen und drehst dich mit allen anderen im Kreise, doch gleichzeitig bist und bleibst du in deinem innersten Zentrum.

Wenn deine hauptsächliche Aktivität im Alltag in der Übung besteht, in alles, was du erlebst - Gutes und Böses -, Liebe zu investieren, befindest du dich auf der Schwingungsebene der Erleuchtung. Erleuchtung kann man nicht erzeugen, sie ist schon vorhanden, und sobald du auf dieser Ebene schwingst, befindest du dich im Licht. Entfernst du dich von ihr, wird es zunehmend dunkler.

Du musst diesen Weg nicht verstehen, um ihn gehen zu können. Doch wenn du ihn gehst, bedarf es der Übung. Und zwar täglicher Übung. Lebenslanger Übung sogar. Obwohl dir die Übung durch Erfahrung und Gewohnheit mit der Zeit leichter gelingen wird als ganz zu Anfang, wird nie ein Tag kommen, an dem du von der Übung befreit bist und sozusagen vollautomatisch auf dieser Schwingungsebene bleibst.

# 15 Hürden zum Glück und wie man sie nimmt

Auf dem Übungsweg werden dir im alltäglichen Leben eine ganze Reihe von Hürden begegnen, die jedoch in Wahrheit Helfer sind, um dich in der Schwingung der Liebe zu halten. Du musst sie nur kennen und wissen, wie man sie als solche nutzen kann.

Es mag sein, dass dir noch andere als die 15 in den nächsten Kapitelabschnitten aufgeführten Hürden begegnen. Ich konnte natürlich nur diejenigen aufzeigen, die sich mir selbst in den Weg gestellt haben und teilweise noch immer in den Weg stellen. Doch wenn du den Umgang mit ihnen beherrschst, sollte es kein Problem für dich sein, alle anderen nach demselben Prinzip als Helfer zu nutzen.

Leider sind die meisten Menschen der Meinung, das Glück sei von unserem Erleben in der Außenwelt abhängig. Wenn du erfolgreich bist, wenn du anerkannt und geliebt wirst, wenn sich deine Ziele verwirklichen, wenn du gesund bist, wenn dein Lebensrad möglichst reibungslos läuft, dann gehst du "be-SCHWINGT" durchs Leben, dann bist du heiter und fühlst dich überaus glücklich. Das ist normal, und daran soll sich auch nichts ändern. Doch ist es ein Trugschluss zu meinen, dass du ausschließlich während optimaler äußerer Umstände Glückseligkeit im Inneren zu erleben vermagst. Es gibt einen Weg, der es dir erlaubt, dich inmitten von Umständen, die du als schwierig, niederdrückend, stressig und leidvoll bewertest, auf Liebe einzuschwingen. Das ist dann so ähnlich, als würdest du im Auge des Zyklons ruhen, während um dich herum ein Wirbelsturm tobt.

Voraussetzung dazu ist jedoch: **Mach nicht irgendein Objekt deiner Liebe, sondern den inneren Zustand der Liebe zu deiner höchsten Norm in der Liebe.** Denn du empfindest immer nur deshalb Frust, Wut, Traurigkeit, Langeweile, Gleichgültigkeit, weil du dich von bestimmten Objekten deiner Liebe abhängig machst.

## Der konditionierte Verstand

Eines der größten Hindernisse, um in der Schwingung der Liebe zu bleiben, sind deine Vorstellungen darüber, wie eine Situation beschaffen sein muss, um sie lieben zu können. Ein so konditionierter Verstand vermag nicht zu “fassen”, dass Glückseligkeit einfach durch Liebe zur Liebe ohne Objekt erreicht werden kann. Sein Fassungsvermögen ist zu begrenzt, um das zu begreifen. Ein so konditionierter Verstand suggeriert dir, dass Glücksgefühle abhängig von der Erfüllung deiner Wünsche und Vorstellungen sind, doch das ist ein Trugschluss mit fatalen Folgen.

Wie oft musst du eigentlich noch erfahren, dass Wunscherfüllung dich immer nur temporär zu beglücken vermag? Und bist du dir eigentlich dessen bewusst, weshalb dich die Erfüllung deiner Wünsche überhaupt glücklich macht? Nur aus einem einzigen Grund: Weil du dann eine kurze Zeit lang **glaubst**, mit dir und der Welt in Einklang zu sein. Dieser Glaube bringt dich dazu, deinen Jetzt-Zustand zu lieben! Es ist also wiederum nur die Liebe, nicht die Wunscherfüllung, die dich in Wahrheit glücklich macht.

Die Wunscherfüllung ist nur ein Vehikel, besser noch eine Krücke, um deinen Zustand lieben zu können. Könnte dich der erfüllte Wunsch glücklich machen, würdest du doch nicht schon kurze Zeit später neue Wünsche entwickeln, von deren Erfüllung du dir wiederum versprichst, dass sie dich glücklich macht. Dieses Spiel wird bis zu deinem Tod weitergehen, wenn du nicht begreifst, dass Glückseligkeit einzig von der Schwingung der Liebe abhängig ist.

Erst kürzlich hatte ich ein Gespräch mit jemandem, dessen kleines "Paradies" gerade in die Brüche gegangen war. Er hatte sich eine Vorstellung von seiner Partnerin zusammengebastelt, die fernab der Wirklichkeit lag und nur in seinem Kopf existierte. Als er dann durch ein bestimmtes Ereignis auf den Boden der Tatsachen zurückgebracht wurde, empfand er sein Leben als sinnlos und war tief betrübt.

War seine Liebe und die daraus folgende innere Beglückung vor diesem Ereignis denn etwa nicht real? Natürlich war sie es. Und solange er in seiner Vorstellung Anlass hatte, der Liebe in sich Raum zu geben, blieb sie ihm erhalten. Als diese Vorstellung aber zerbrach, vermochte er nicht mehr in Liebe zu schwingen, und deshalb wich natürlich auch die Glückseligkeit. Sie wich nicht, weil keine Liebe mehr vorhanden gewesen wäre; sie wich, weil er sich in seiner Liebesfähigkeit von einer Vorstellung abhängig gemacht hatte.

Vorstellungen müssen zerbrechen. Früher oder später zerbrechen sie alle. Der innere Zustand der Liebe selbst ist jedoch nicht abhängig von Vorstellungen. Du bist es, der die Liebe von den Vorstellungen deines konditionierten Verstandes abhängig macht.

Frage dich doch einmal, welchen Grund es eigentlich gibt, deine gegenwärtige Situation nicht zu lieben? Eine gute Formulierung der Frage ist: "Was spricht dagegen, dass ich diese Situation liebe?" In vielen Fällen wirst du bemerken, dass deine Vorstellungen die Ursache sind. Nur weil du **glaubst**, in einem anderen Kontext glücklicher sein zu können, liebst du deine gegenwärtige Situation nicht. Einen rationalen Beweis dafür gibt es nicht. Denke immer daran: Wo auch immer du dich befindest, was auch immer du tust, mit welchen Menschen auch immer du deine Zeit verbringst - du nimmst dich selbst immer mit! Und wenn du nicht in Harmonie mit dir selbst bist, werden dir weder der Ort noch dein Tun noch die dich umgebenden Menschen liebenswert erscheinen.

Als meine Frau und ich vor einigen Jahren unseren Urlaub auf der wunderschönen Insel Bali verbrachten, lernten wir eine Familie kennen, die alles hatte, wonach sich viele andere Menschen ihr Leben lang sehnen. Sie waren steinreich, gesund und konnten es sich leisten, wochenlang einen Luxusbungalow direkt am Meer zu bewohnen, der pro Tag stolze 500 Euro kostete. Eine Handbewegung genügte, um den ganzen Tag über von der livrierten Dienerschaft mit Speisen und Getränken verwöhnt zu werden. Wir lernten das Ehepaar an der Hotelbar kennen, beide waren schon ein wenig alkoholisiert, doch das war der einzige Abend, an dem sie uns glücklich erschienen. Schon am nächsten Morgen beim Frühstück gab es Streit in der Familie. Die Tochter wäre viel lieber zu Hause bei ihren Freunden geblieben, ihre Mutter verteidigte sie, als der Vater dem Kind zu bedenken gab, was für ein Privileg es für sie sei, in einem so teuren Hotel wie diesem Urlaub machen zu können, worüber die beiden aneinandergerieten, bis der Vater schließlich wütend den Tisch verließ.

Nun, dachten wir, Streit gibt es schließlich in jeder Familie einmal, doch da hatten wir uns getäuscht. Wann immer wir ihnen während der nächsten Tage begegneten, mussten wir irgendeinen Konflikt miterleben.

Glückseligkeit ist nicht abhängig von dem Ort, an dem du dich gerade befindest, sondern von deiner Bewertung. Überall auf der Welt erlebst du dieselbe Sonne, denselben Himmel, dieselben Sterne, dieselbe Erde, dieselbe Luft, nur der Kontext, in dem dir all das erscheint, verändert sich leicht. Menschen haben andere Gesichter, manche Tiere und Pflanzen andere Formen, man baut Häuser und kleidet sich nach anderen Kriterien, man isst Speisen nach anderen Rezepturen. Außer dem Reiz alles Neuen, das deine Gefühlswelt vorübergehend fasziniert, bleibst du dieselbe Person. Und wenn du nicht weißt, wie man in Harmonie mit sich selbst bleiben kann, wirst du dich an jedem Ort dieser Welt irgendwann auf derselben Schwingungsebene "wie zu Hause" befinden. Denn wo auch immer du dich befindest – du nimmst **dich** immer mit.

Heute, hier, jetzt, augenblicklich kannst du deinen inneren Zustand verändern, indem du deine Situation mit den Augen der Liebe betrachtest. Blind für die Liebe machen uns nur die Vorstellungen unseres konditionierten Verstandes.

Können wir etwas gegen unsere Konditionierungen tun? Natürlich, man kann sich anders oder neu konditionieren. Aber aufgrund meiner langjährigen Erfahrung mit diesen Methoden sage ich: Das ist ein ziemlich anstrengender Weg und eine Leistung, die nicht mit der entsprechenden Gegenleistung honoriert wird. Viele Konditionierungen werden nämlich lediglich verdrängt und bohren "unter der Decke" unseres Bewusstseins weiter. Viel effektiver ist es, sie einfach so zu lassen, wie sie sind. Erscheint eine ungünstige Konditionierung, lass sie ihr Haupt ruhig erheben, und umgib sie einfach mit Liebe. Hätten beispielsweise die Mitglieder jener Familie, die wir auf Bali kennenlernten, ihren Konfliktstoff einfach angeschaut und ihn, noch während sie miteinander stritten, in Liebe eingehüllt, hätten sie ihn neutralisiert. Dann wäre ihnen zu Bewusstsein gekommen, in welch herrlicher Umgebung sie sich befanden, und vielleicht hätten sie über ihre Torheit gelacht.

Lass alles so, wie es ist. Egal, was du denkst. Egal, was du fühlst. Mach gar nicht erst den Versuch, dich davon zu befreien. Je mehr du gegen negative Konditionierungen angehst, desto mehr werden sie erstarken. Liebe hungert sie aus und bewirkt darüber hinaus den Super-Effekt, dass dein Gehirn den Reflex entwickeln wird, sich insbesondere in negativen Situationen immer öfter und schneller an die wahre Natur seines Benutzers zu erinnern. Auf diese Weise konditionierst du dich "unbewusst" und ohne Anstrengung auf das denkbar beste und effektivste Verhalten in allen Problemsituationen.

## Religiosität, die ihr Zentrum verlässt

Unzählige spirituelle Wege wurden und werden gelehrt, um erleuchtet, erlöst, befreit, glückselig zu sein. Doch sie sind alle nichts wert und führen uns sogar in die Irre, wenn wir uns von der zentralen Lehre aller Religionen und Weisheitslehren entfernen. Und teilweise haben Religionsstifter oder ihre Interpreten leider selbst zu dieser Verwirrung beigetragen. Hätten sie sich darauf beschränkt, die Menschen lieben zu lehren, vor allem sich selbst zu lieben, gäbe es unter den verschiedenen Religionsgemeinschaften weder Abgrenzung, Hass noch Krieg.

Dasselbe Versäumnis kann jenen Gurus vorgeworfen werden, die sich und ihre Lehre absolut setzen. Wie erleuchtet auch immer sie sind oder waren, ihr exklusiver Anspruch bringt und brachte ihre Gefolgsleute in Abhängigkeit. Sie mögen ihre Jünger lieben und die Liebe lehren, doch wenn diese nur durch ihn, den Guru, zu haben ist, ist es die Liebe des Gurus und nicht deine eigene, die du praktizierst. Und diese Liebe wird niemals allumfassend sein können, denn du wirst der Liebe all jener misstrauen, die nicht auf dem Weg sind, die dein Guru lehrt.

Lehren denn die Religionen, sich selbst zu lieben? Lehren sie nicht vielmehr, den Nächsten zu lieben oder Mitgefühl mit ihm zu entwickeln? Doch wer ist denn der Nächste? Das bist zunächst einmal DU. Du bist dir selbst der Nächste. Dein Geist, dein Körper, deine Umgebung. Wer sich erst einmal selbst liebt, wird nur schwerlich vermeiden können, auch andere zu lieben.

## Fundamentalismus jeglicher Couleur

Ich selbst habe knapp 20 Jahre im Lager christlicher Fundis verbracht. Wort für Wort, Buchstabe für Buchstabe, Leerzeile für Leerzeile galt mir die Bibel, Altes und Neues Testament gleichermaßen, als von Gott inspiriert. Dafür, dass ich heute kein Fundi mehr sein kann, gibt es letztlich nur einen Grund: Es würde in mir unter bestimmten Umständen die Schwingung der Liebe blockieren.

Wäre ich noch immer ein Fundi, müsste ich nämlich alle ausgrenzen, die nicht so glauben, wie es die Schrift sagt. Sie wären laut Bibel alle verloren. Ewig verloren. Egal, was für Menschen es sind. Selbst Heilige und spirituelle Meister aus anderen Religionen - verloren. No chance! Solange ihr nicht an Jesus glaubt und durch sein Blut, vergossen am Kreuz, gereinigt werdet von euren Sünden, marschiert ihr ins höllische Feuer. So sagt es nämlich die Heilige Schrift. Sobald ihr aber glaubt, was die Heilige Schrift sagt, vollkommen egal, wer ihr seid, vollkommen egal, wie ihr lebt, seid ihr gerettet. In Ewigkeit gerettet.

Seid mir bitte nicht böse, ihr lieben Fundis, aber dieser Glaube hat nichts mit Liebe, schon gar nicht mit Gottes Liebe zu tun. Tut mir wirklich leid, denn ich weiß, wie ernst ihr es meint. Ich weiß, dass ihr mit diesem Glauben nur dem Wort Gottes treu bleiben wollt. Doch in diesem Fall solltet ihr besser euren gesunden Menschenverstand benutzen. Es ist schlicht unmöglich, dass ein liebender Gott existiert, der nach diesen Kriterien entscheidet, wer ihm nahe sein darf und wer nicht. Diese Lehren, die wir nach allem, was wir heute wissen, als höchst intolerant und ignorant gegenüber anderen Kulturen und Religionen bezeichnen müssen, können daher nur in menschlichen Gehirnen entstanden sein.

Wenn ich euch nicht überzeugen kann, bedeutet das nicht, dass ich euch nicht liebe. Nein, keineswegs. Ich liebe euch, egal, was ihr glaubt, denn wir sind als Energiewesen alle gleichwertig. Kein Unterschied zwischen uns. Nur verlangt nicht von mir, dass ich in diesem Punkt der Schrift glaube, denn es würde mich daran hindern, umfassend lieben zu können. Selbst den weisen, gütigen Dalai Lama ins ewige Höllenfeuer schicken zu müssen, nur weil er aus einem buddhistischen Land kommt und seinen inneren Kern *Buddha-Wesen* nennt statt wie der Apostel Paulus *Christus in uns* – das ist mir einfach ein wenig zu lieblos, versteht ihr?

Heilige Schriften können aus meiner Sicht nur dann sinnvoll sein, wenn wir den Geist der Liebe herausdestillieren. Worte sind nur die Träger des Geistes. Worte sind wie eine Schale: Du musst sie knacken, um an die Nuss, die Frucht, heranzukommen. Tust du dies nicht, wirst du dir an der Schale die Zähne ausbeißen. Und dabei selbst ebenso hart werden. Denn du wirst, was du isst.

Schau dich in der Welt um, um dies bestätigt zu finden. Aus welchem Lager kommen Hass, Krieg, Gewalt? Vor allem aus dem fundamentalistischen Lager. Gleichgültig, ob es sich um christliche, islamistische, hinduistische oder sonstige Fundamentalisten handelt. Das liegt jedoch nicht an den Menschen. Wir alle, auch Fundis, sind essentiell Wesen der Liebe. Es liegt an ihren Köpfen. Es liegt an ihrem Glauben an die Autorität der jeweiligen Heiligen Schriften. Wenn du glaubst, ihr Inhalt sei insgesamt "göttlich inspiriert", hast du keine Chance. Du musst daran glauben, sonst bist du des Teufels. Und jeder, der nicht daran glaubt, ist auch des Teufels. Darum schlagen sie sich ja die Köpfe ein. Deshalb gibt es Selbstmordattentate in Palästina. Und noch immer ist kein Ende in Sicht.

Es kann kein Ende geben. Gewalt erzeugt Gegengewalt. Das ist ein Gesetz. Ein Naturgesetz. Aber das stört Fundis nicht. Ihr Gesetz ist das Wort Gottes. Und das sagt: Auge um Auge, Zahn um Zahn. Also machen wir's. Was in der Heiligen Schrift steht, kann unmöglich falsch sein. Gott hat's durch seine Propheten kundgetan. Ganz egal, was dabei herauskommt, wenn wir uns nur daran halten.

Seht euch Gandhis Leben an und lasst uns von ihm lernen, wie man selbst ein so großes Volk wie die Inder von einer herrschenden Kolonialmacht befreien kann. Durch Gewaltlosigkeit. Ohne Widerstand. Gandhi fastete sogar so lange, bis ein Waffenstillstand unter den sich bekämpfenden Religionen des Landes erreicht war. Seht euch den Film *Gandhi* an, solltet ihr ihn noch nicht kennen. Gandhi war kein Fundi. Er war ein Mensch voller Liebe. Das machte ihn zum Mahatma, zur großen Seele.

Es geht mir nicht darum, die Heiligen Schriften insgesamt zu verwerfen. Das wäre ebenso lieblos wie das dogmatische Festhalten am Buchstaben. Denn der Buchstabe tötet, nur der Geist gibt das Leben. Meine Empfehlung für all jene, die Liebhaber egal welcher Heiligen Schriften sind: Lies sie im Geist der Liebe. Lies sie mit dem Vorsatz, Nahrung für die Liebe in ihnen zu finden. Und wo immer du auf eine Textstelle stößt, die die Liebe in dir blockiert, überspringe sie. Lass sie erst mal links liegen. Vielleicht verstehst du sie später einmal. Vielleicht nie. In jedem Fall aber ist sie jetzt nicht wichtig für dich.

Was die Liebe in dir nährt, was sie stärkt, das nimm auf. Was sie in dir behindert, leg einfach "liebevoll" zur Seite. Hasse es nicht, denn das erzeugt eine Schwingung in dir, die in der Außenwelt ankommt und wie ein Bumerang zu dir zurückkehren wird.

Ich habe nach meiner Zeit als Fundi eine Zeit lang gehasst, was ich in der Schrift hassenswert fand. Ich habe auch einige Fundis gehasst und ihnen sogar ziemlich böse Briefe geschrieben. Später entschuldigte ich mich aber bei ihnen. Von Herzen. Und heute liebe ich sie. Es sind in der Regel wundervolle Menschen, und ich habe unendlich viel durch sie gelernt. Nur bei ihnen bleiben konnte ich leider nicht, weil ich sonst unmöglich umfassend lieben könnte.

## Überholte Ansichten über Sex

Da ist noch ein Grund, weshalb ich kein Fundi mehr sein kann: die Lehren der Bibel über Sex. Ist die Zeit nicht endgültig vorbei, in der man guten Gewissens den Paulus-Ausspruch nachbeten könnte: "Es ist dem Menschen gut, dass er kein Weib berühre." Oder: "Um der *Unzucht* willen habe ein jeder Mann sein eigenes Weib und jedes Weib seinen eigenen Mann." (1. Kor. 7:1-2) Ehe zur ordnungsgemäßen Verrichtung der triebhaften Notdurft - ist das nicht ein ziemlich liebloser Umgang mit dir und deinem Partner? Wäre Masturbation nicht viel besser geeignet, um sich sexuell zu erleichtern?

Ich würde mich unmöglich umfassend lieben können, wenn ich Sex als "böse Lust in meinen Gliedern" definieren müsste wie Paulus. Ich tat es viele Jahre. Die Auswirkungen waren verheerend.

Je mehr wir Sex unterdrücken oder in "spirituelle Energie" zu transformieren versuchen, desto stärker wird er unser Bewusstsein in Beschlag nehmen, uns bedrängen und knechten. Je mehr wir uns wegen unserer spezifischen sexuellen Vorlieben oder Praktiken schämen oder gar hassen, desto mehr wird das die Schwingung der Liebe blockieren. Akzeptiere deine sexuellen Vorlieben, selbst wenn du sie nicht (immer) ausleben kannst. Sie sind weder richtig noch falsch. Sie sind einfach so, wie sie nun einmal sind. Versuche nicht herauszufinden, weshalb du so bist, wie du nun einmal bist. Diese Art der Selbsterforschung bringt dir letztlich keinen Gewinn, weil die Erkenntnis, die daraus entspringt, dich auch nicht zu verändern vermag. Wenn deine sexuellen Vorlieben dein körperliches und seelisches Wohlbefinden steigern und wenn der Mensch, den du sexuell begehrst oder mit dem du Sex hast, sie ebenso schätzt wie du, gibt es keinen Grund, sie dir zu versagen. Diese Regel sollte allerdings absolut bindend für dich sein.

Ansonsten sind es nur deine Vorstellungen darüber, was erlaubter und unerlaubter, moralischer und unmoralischer Sex ist, die dir Schaden zufügen, weil sie dich psychisch belasten und dir ein schlechtes Gewissen einreden. Der Ursprung dieser Vorstellungen ist jedoch nicht dein Gewissen. Der Ursprung sind überholte Ansichten über Sex, die durch deine Eltern und/oder andere Erzieher in dein Gehirn eingebrannt wurden.

Diese Programmierung löscht man am effektivsten, indem man sich zunächst einmal klarmacht, dass es lediglich Programmierungen sind. Es ist nicht die Wahrheit, es sind Überzeugungen, die dein Unterbewusstsein "als Wahrheit" oder "als Moral" verinnerlicht hat. Sobald du das verstehst, beginnt der Löschvorgang.

Doch das allein reicht nicht. Es ist nur der Anfang. Im zweiten Schritt könntest du lernen, deine Sexualität anzunehmen, ja sie zu lieben. Wenn dir dann etwas in dir einzureden versucht, sie sei unrein, schmutzig oder sündig, gehe nicht auf diese unsinnigen Selbstvorwürfe ein, sondern umhülle sie einfach mit Liebe. Liebe wird sie schließlich als das entlarven, was sie in Wirklichkeit sind: nur Gedankengebilde, die keinerlei Wahrheitsgehalt besitzen.

Solange deine Sexualität andere Menschen nicht beeinträchtigt - dies sollte deine bindende Regel sein -, nimm sie an, schätze sie, liebe sie, lass dich nicht von deinem konditionierten Verstand dominieren. Verletzen deine sexuellen Vorlieben, wenn du sie ausleben würdest, die bindende Regel, zieh dich auf keinen Fall in den dunklen Keller der Scham oder die geheimen Gewölbe skrupelloser Ignoranz zurück, sondern vertraue dich stattdessen einem weisen, liebenden Menschen oder Psychotherapeuten an.

Alle sexuellen Vorlieben und überhaupt alle Handlungen, die Übergriffe auf das Leben anderer Menschen sind und ihnen schaden, haben ihren Ursprung in der Abwendung von der Liebe.

Wer asexuell, frigide oder impotent ist und sich in diesem Zustand nicht wohlfühlt, dem kann ich wiederum nur empfehlen, Thaddeus Golas zu diesem Thema zu lesen: "Wenn dir Sex nichts bringt, dann heißt das einfach, dass du in diesem oder in einem anderen Leben zu viel Gewicht auf die andere Seite der Waage gelegt hast." Mit anderen Worten: Wenn du Sex als vulgär, als unreine Lust oder Ähnliches siehst (oder früher einmal so gesehen hast), kannst du nicht erwarten, dass er in deinem Körper vor Vergnügen Purzelbäume schlägt. Wenn du Menschen, die Lust am Sex haben, verachtest oder neidvoll beäugst, kannst du nicht erwarten, dass dir lustvoller Sex vergönnt wird.

Gestehe dir und anderen das lustvolle Erleben in der Sexualität zu, und es wird wie von selbst zu dir kommen. Und wenn je wieder Verachtung oder Missgunst in dir aufsteigen sollte, so liebe dich dafür. Dann wirst du wahrscheinlich weder Potenzmittel noch langwierige Therapien benötigen. Alles wird heil durch die Liebe.

## Ungerechtigkeiten in der Welt

Brutale Serienkiller. Geschändete Kinder. Kinderprostitution. Zum Skelett abgemagerte, verhungernde Menschen. Terror. Folter. Unsägliche Qualen Schwerkranker. Krieg. Bombenabwürfe. Zerfetzte Leiber. Erdbebenopfer. Verschüttete, die qualvoll unter den Trümmern ersticken. Tragische Unfälle. Flugzeugabstürze. Alkohol- und Drogenabhängige. Aids. Mord und Totschlag. Jeden Tag unzählige Meldungen, die uns erschüttern. So abenteuerlich und faszinierend das Leben auf diesem Globus sein kann, es gab auf ihm nie eine Zeit ohne Leiden. Besonders sensible Schöngeister zerbrechen manchmal unter der Last, die sie auf ihren Schultern fühlen, wenn sie sich mit dem Leid und der Ungerechtigkeit auf dieser Erde konfrontiert sehen. Nur primitive, gefühlskalte oder degenerierte Menschen können dem Treiben gänzlich ohne innere Erschütterung zusehen.

Kann man angesichts all des Leidens in der Liebe bleiben? Wie sollte das möglich sein?

Mir persönlich ist das nur möglich, wenn mir bewusst wird, dass wir alle selbst für unser Schicksal verantwortlich sind. Egal, wie tief wir in Leid verstrickt sind und wie unbeeinflussbar uns das Schicksal der Menschen erscheint – die eigentliche Ursache dafür liegt in jedem Einzelnen von uns.

Wenn du dich noch nie mit dem Ursprung des Leids in der Welt beschäftigt hast, mögen dir die nun folgenden Gedanken weit hergeholt und allzu philosophisch erscheinen. Es geht mir jedoch nicht darum, dass du an sie glaubst. Meine Empfehlung ist, sie einfach auf dich wirken zu lassen und dann zu prüfen, ob sie dir helfen können, in der Schwingung der Liebe zu bleiben, wenn du mit den sogenannten Ungerechtigkeiten in der Welt konfrontiert wirst.

Nahezu alle Religionen berichten über den Sündenfall, den Abfall, die Trennung von Gott, die Vertreibung aus dem Paradies, was im Ergebnis zu all den üblen Erscheinungen führte, die wir heute auf diesem Globus beklagen. Thaddeus Golas beschreibt diese "Vertreibung aus dem Paradies" und die Ursache unseres gegenwärtigen Zustandes mit den folgenden Worten: "Vielleicht mögen viele von uns den Ort nicht, an dem sie jetzt im Universum sind, aber wir dürfen alle sicher sein, dass **wir durch unseren eigenen Entschluss, uns in Liebe auszudehnen oder uns von ihr abzuwenden**, an den Ort gelangt sind, an dem wir sind. Was für ein Hirn, was für einen Körper du hast, die Familie und die Gesellschaft, die geschichtliche Zeit, in der du geboren wurdest, alles das und mehr ist von dir selbst bestimmt worden, von deinem Grad der Ausdehnung, von deiner Bereitschaft zu lieben. Niemand hat dir etwas aufgebürdet. Niemand hat dich gezwungen. Es herrscht absolute Gerechtigkeit in der Erfahrung, die jeder von uns jede Sekunde des Tages besitzt."

Was wir als Ich innerhalb der Welt der Materie bezeichnen, jene "Fingerkuppe", die durch das Loch der "Bretterwand" ragt, ist lediglich der Teil von uns, der sozusagen in einem "verdichteten Energiezustand" feststeckt, weil wir uns (in grauer Vorzeit als Energiewesen) von der Liebe abgewandt haben. Auflösen lässt sich diese Verdichtung natürlich nur, indem wir uns wieder ausdehnen, indem wir zur Liebe und damit zu unserem zeitlosen Wesenskern zurückkehren. So wie Eis zu Wasser und Wasser zu Dampf wird, wenn wir dieses Element der Sonne aussetzen.

Ob du dich nun dieser esoterischen Sicht der Dinge öffnen kannst oder nicht – fest steht: Wehklagen über die Ungerechtigkeiten in der Welt ist in jedem Fall töricht, weil diese Schwingung den Grad unserer Verkrampfung und Ablehnung nur noch intensiviert. Umarme sowohl das Leid als auch die Leidenden. Das ist der Weg zur Ausdehnung. Das wird dir und der Welt helfen: die Schwingung der Liebe. Sonst nichts.

## Unausrottbare Schuldgefühle

Kürzlich sah ich in einer Talkshow im Fernsehen einen stattlichen Mann um die 60, der wie ein Häufchen Elend über ein Ereignis sprach, an dem er völlig zerbrochen war. Ein Mann türkischer Herkunft war ihm in der Absicht, Selbstmord zu begehen, vor das fahrende Auto gesprungen und dabei getötet worden. Obgleich der Fahrer nichts dafür konnte, klagte er sich an. Er war nach dem Vorfall aus dem Arbeitsprozess ausgestiegen und fristet seitdem ein zutiefst bedauernswertes Dasein. Sein unausrottbares Schuldgefühl hat ihn in tiefe Depressionen gestürzt und sogar dazu animiert, sich selbst das Leben zu nehmen.

Keine Frage: Sein Schuldgefühl ist völlig irrelevant. Was kann er dafür, dass sich der Selbstmörder gerade sein Auto aussuchte? Und doch: Der Mann schien untröstlich zu sein, und keine Therapie hatte etwas an seinem Zustand verändert.

Gleichgültig jedoch, ob unausrottbare Schuldgefühle relevant oder irrelevant sind – sie sind in jedem Fall Gift für die Seele und können nur Schaden anrichten, weil sie dich auf niedrige Schwingungsebenen herunterziehen.

Wenn es einem Menschen nicht leidtut, anderen – bewusst oder unbewusst – Schaden zugefügt zu haben, und wenn er keine tätige Reue beweist, ist er entweder asozial oder geistesgestört. Wer sich jedoch nach der Reue, womöglich noch über einen längeren Zeitraum, vielleicht sogar sein Leben lang, Schuldgefühle einredet, bleibt einer niedrigen Schwingungsebene verhaftet. Dann ist die Gefahr groß, zu einem Wiederholungstäter zu werden, denn der Kosmos wird dich in deinem Schuldgefühl bestätigen. Anders gesagt: Es werden immer wieder Dinge geschehen, derer du dich anklagen kannst. Dem EGO ist es egal, wodurch es die Macht behält. In sensiblen Menschen nährt es sich durch Schuldgefühle. In brutalen Zeitgenossen erhält es sich durch Skrupellosigkeit.

Schon unsere Geburt verursacht Leid, denn welche Mutter gebiert ein Kind ohne Schmerzen? Bist du daran schuld? Natürlich nicht. Ebensowenig wie du für die meisten Sorgen schuldig bist, die du deinen Eltern als Kind und pubertierender Jugendlicher bereitest. Du hättest das nur verhindern können, indem du nicht geboren worden wärst. Sobald wir existieren, bringen wir nicht nur Freude, sondern auch Leid in die Welt.

Unausrottbare Schuldgefühle können nur dann in uns entstehen, wenn wir an das Konzept von Schuld und Sühne glauben. Leider bedienen sich kirchliche Institutionen seit jeher dieses Instruments, das uns auf die unterste Schwingungsebene - Angst - bringt: "Du hast gesündigt. Gott ist böse mit dir und wird dich bestrafen." Zwar bieten sie bei tätiger Reue Vergebung an, doch wenn jemand glaubt, dass Gott ihn hassen kann, wenn er unrecht tut, bringt ihn dieser Glaube auf die Schwingungsebene der Angst, auf die der Kosmos nur mit dementsprechenden Ereignissen reagieren kann. Und dies wird zur Folge haben, dass wir in dem irrelevanten Glauben an den Zorn Gottes bestätigt werden. Der Kosmos (oder Gott) hasst dich nicht. Er reagiert nur auf das, was er an Schwingung von dir empfängt.

Natürlich hat beispielsweise ein brutaler Mörder Schuld auf sich geladen. Redet er sich aber über die Reue hinaus Schuldgefühle ein, wird er sich nicht ändern, sondern im Gegenteil weiter verhärten. Unausrottbare Schuldgefühle entstehen, solange wir die Ursache unserer Verfehlungen und Verflechtungen in Unrechtstaten nicht erkennen. Warum wurdest du in ein Ereignis verwickelt, das dazu führte, einem anderen Menschen Leid anzutun? Weil du dich als Energiewesen von der Liebe abgewandt hast. Wie kannst du dich aus diesem Zustand befreien? Etwa indem du dich durch Schuldgefühle noch mehr zusammenziehst und verhärtest? Mitnichten! Nur die Liebe kann die Aspekte in dir erlösen, die zur Unrechtstat geführt haben. Schuldgefühle bewirken nur, dass du sie noch mehr hasst. Und dieser Selbsthass gibt ihnen Nahrung, er wird sie nur stärken, und schließlich wirst du womöglich die ganze Welt hassen.

Jeder Mensch hat dunkle Flecken in seiner Vita. Hast du sie dir schon einmal ohne Vorbehalt angesehen? Scheint dir das unmöglich zu sein? Solange du dich nicht vollständig umarmst, wirst du die dunklen Flecken in dir unbewusst oder bewusst stets nur als Schande empfinden und in der Liebe zu dir selbst blockiert sein. Ohne dass du es willst, wirst du immer wieder auf die Schwingungsebene von Ablehnung oder Angst heruntergezogen. Und der Kosmos kann gar nicht anders, als dir das entsprechende Feedback zu geben.

Im Grunde kannst du das Verhältnis zu deinen inneren Aspekten mit der Beziehung zu anderen Personen vergleichen. Was geschieht, wenn du für einen Freund, der dich aus deiner Sicht enttäuscht hat, Hass empfindest? Er wird sich von dir zurückziehen. Wenn ihm seine Unrechtstat nicht bewusst ist, wird er sich vielleicht sogar für deinen Hass an dir rächen. Was wäre damit gewonnen? Wenn du versuchst, sein Handeln zu verstehen, und mit ihm offen darüber redest, dass er dir aus deiner Sicht Unrecht getan hat, könnte Versöhnung stattfinden. Und wenn du ihn trotz seiner Unrechtstat liebst, wird das womöglich eure Freundschaft stärken. Ihr könntet sogar unzertrennlich werden. Ich jedenfalls habe genau diesen Prozess - zunächst unbändigen Hass, dann Liebe und Aussöhnung - mit einer wirklich guten, heute meiner besten Freundin, durchlaufen.

Schau dir deine dunklen Aspekte genau an. Besuche sie in ihrem Gefängnis. Umarme sie. Sie gehören ebenso zu dir wie deine positiven Aspekte. Du musst dich nicht für deine Verfehlungen lieben. Das wäre nicht einmal förderlich. Du musst noch nicht einmal verstehen, weshalb es überhaupt dazu kam. Liebe deine dunklen Seiten einfach in ihrem Dasein, weil sie nur durch die Liebe aus ihrer Verhärtung befreit werden können. Weil nur Liebe aus Feinden Freunde zu machen vermag.

Solltest du dich in Schuldgefühle verrannt haben, vielleicht sogar schon längere Zeit, dann liebe dich dafür. Versuche nicht, sie zu überwinden. Schuldgefühle sind nur deshalb zu Schuldgefühlen geworden, weil keine Liebe da war. Nur auf diese Weise konnten sie entstehen und sich entfalten. Deshalb werden sie sich nur in der Liebe auflösen.

## Ungünstige Vorstellungen über den Sinn des Lebens

Woher kommen wir? Wozu sind wir da? Wohin gehen wir?

Unzählige Antworten wurden gegeben. Warum? Weil unzählige Antworten möglich sind. Nur wir selbst bestimmen über den Sinn unseres Lebens. Wir entscheiden, was wir glauben wollen. Wir entscheiden, wie wir leben wollen. Wir können uns jeden Lebenssinn selbst erfinden.

Sobald wir einmal von einer bestimmten Sichtweise überzeugt sind, wird die Welt, unser gesamtes Erleben, uns genau das Feedback geben, das unsere Sichtweise bestätigt. Religiöse Menschen sehen selbst im Leid Gottes Hand am Werk. Atheisten finden überall in der Welt bestätigt, dass Gott nicht existiert. Glaubst du an Knappheit und Mangel, wird die Welt dir genau so erscheinen. Gibt es für dich keine Grenzen, um Wohlstand und Erfolg zu mehren, wirst du diese Sichtweise bestätigt finden. Ist die Welt für dich eine Schule, wirst du in ihr vor allem Lektionen entdecken. Begreifst du sie als Sündenpfuhl, wird sich deine Aufmerksamkeit auf all die Schlechtigkeiten in der Welt richten.

Wir alle können uns den Sinn unseres Lebens erfinden. Wäre dies nicht wahr, würde es ja nicht geschehen, seitdem Menschen diesen Globus bevölkern. Schau dir nur einmal die vielen Religionen, die vielen Philosophien, die vielen Weisheitslehren, die vielen Theorien und Hypothesen an, die die Köpfe der Menschen beherrschen. Jeder Mensch hat offenbar seine eigene Wahrheit. Und das bedeutet: Jeder **kann** sich seinen Sinn im Leben erfinden.

Wir wissen, dass alle Lebewesen geboren werden, eine Zeit lang existieren und irgendwann sterben. Fragen wie: Wann fing dieser Zirkus eigentlich an? Wann ist er zu Ende? Und was soll das Ganze? Was ist sein Sinn? sind die überflüssigsten Fragen, die man überhaupt stellen kann. Sie sind ebenso überflüssig wie die bekannte Frage: Was war zuerst da: die Henne oder das Ei? Denn sie kann nicht beantwortet werden. Henne und Ei ergänzen einander. Das eine vermag ohne das andere nicht zu existieren. Selbst wenn du die Evolution bis zur Amöbe zurückverfolgen würdest, würde dies nicht erklären, wie ein Ei entstehen konnte, das nach allem, was wir über das Entstehen von Eiern wissen, einer Legehenne bedarf. Und was für die Frage nach dem Ursprung von Henne und Ei gilt, gilt auch für die Frage nach dem Sinn des Lebens: Sie ist nicht zu beantworten.

Versuche dir vorzustellen, wie und wann das Sein aus dem Nichts entstand. Es ist unmöglich. Denn das Nichts wäre bedeutungslos ohne das Sein. Das Sein wiederum hat keine Bedeutung ohne das Nichts. Anders formuliert: Der Begriff Sein macht nur Sinn, wenn sein Gegenteil, das Nichts, existiert. Der Begriff Nichts macht nur Sinn, wenn sein Gegenpart, das Sein, existiert. Was würde der Begriff Dunkelheit für einen Sinn machen, wenn kein

Licht existierte? Gäbe es nur Licht, so wären beide Begriffe, sowohl Licht als auch Dunkelheit, vollkommen sinnlos. Nur weil Dunkelheit und Licht existieren, mussten wir Begriffe erfinden, um die beiden Zustände voneinander unterscheiden zu können.

Das Sein und das Nichts bedingen einander. Ebenso wie Licht und Dunkelheit, Henne und Ei, Tag und Nacht. Daher können Gegensätze nur in ewiger Koexistenz bestehen. Somit erübrigt sich die Frage nach einem Anfang und einem Ende des Universums, des Lebens, der Existenz. Versuche dir einen Anfang der Zeit vorzustellen. Da dies unmöglich ist, wirst du auf die Ewigkeit stoßen. Versuche dir ein Ende der Zeit vorzustellen. Weil auch das unmöglich ist, wirst du wiederum der Ewigkeit begegnen. Was folgt daraus? Zeit und Ewigkeit existieren offensichtlich gemeinsam, in Koexistenz. Das ist die immerwährende Realität.

Nun erfahre ich mich in einem Körper im Kosmos. Was will ich? Was willst du? Was willst du wirklich? Was würdest du wollen, wenn du haben könntest, was immer du wolltest? Ich für meinen Teil will glücklich sein. Auf möglichst hohem Niveau. Was denn sonst? Gibt es überhaupt ein anderes Motiv für unser Handeln? Aus welchem Grund begehren wir Wissen, Besitztümer, Geld, Erfolg, harmonische Partnerschaften, befriedigenden Sex, erfüllende Arbeit, wohlschmeckende Speisen und Getränke, Urlaub, gute Literatur, spannende Filme, Sport, Reisen –

was auch immer? Wir möchten glücklich sein. Das verlorene Paradies zurückerobern. Das ist unser Motiv. Dafür kämpfen wir. Dafür arbeiten wir. Danach sehnen wir uns. Das ist alles, was wir letztlich begehren. Selbst karitative Werke entspringen dem Wunsch, durch das Glück, das wir anderen schenken, Erfüllung in uns selbst zu finden.

Vielleicht war das der Grund, weshalb Jesus sagte: "Ich bin gekommen, dass sie das Leben und Überfluss haben sollen." (Joh. 10:10) Daher: Wenn es überhaupt einen Sinn gibt, dann ist es Leben und Überfluss. Mit anderen Worten: Glückseligkeit. Das ist zu offensichtlich, als dass wir es ablehnen könnten. Doch warum sehnen wir uns danach, glücklich zu sein? Weil wir in unserem innersten Wesen Liebe sind - deshalb. Und wenn wir uns nicht spüren, befinden wir uns auf der Suche, bis wir die Liebe und damit uns selbst finden.

Meine Empfehlung wäre daher: Gib deine Sinnsuche auf, oder lass deine Lebenssinnerfindungen zumindest einmal ruhen. Gib jedoch Gas, was die Schwingung der Liebe betrifft, weil sie dich zu dir selbst zurückbringen wird. Dann wird die Frage nach dem Sinn deines Lebens nicht mehr relevant sein. Denn mehr, als dich selbst als das zu erfahren, was du in Wirklichkeit bist und immer schon warst, ist schlicht nicht erreichbar. Liebe ist alles, was existiert.

## Ungünstige Vorstellungen über dich selbst

Glaubst du, dass du niemanden mehr liebst als dich? Lass mich dich fragen: Wie gern bist du allein mit dir selbst? Fühlst du dich dabei wohl? Oder fühlst du dich dann eher einsam? Bist du in Gesellschaft glücklicher? Wenn du einmal versuchst, aus dir selbst auszusteigen und dich so zu beurteilen, als wärst du ein anderer: Wie zufrieden bist du mit der Person "da draußen"? Mit ihrem Aussehen. Ihren Gewohnheiten. Ihrer Arbeit. Ihren Gedanken. Ihren Gefühlen. Ihrem gesamten Lebensvollzug. Wie geht es dir mit dir selbst? Bist du eins mit dir? Oder möchtest du lieber jemand anders sein? Gibt es Aspekte in deinem Leben, für die du dich hasst? Und wenn ja, wie viele sind es? Sind es womöglich mehr als jene, die du zu lieben vermagst?

Verwechsle Liebe nicht mit Überlebenstrieb. Natürlich würdest du eher dein eigenes Leben retten, wenn du die Wahl hättest: der oder ich. Das ist ein Programm, wie bei einem Roboter. Es sei denn, es handelt sich um einen Menschen, den du tatsächlich mehr liebst als dein eigenes Leben.

Liebe bedeutet Selbstachtung, Wertschätzung, Akzeptanz, Harmonie. Liebe bedeutet, in sich selbst zu ruhen, mit sich selbst zufrieden und glücklich zu sein. Selbstverständlich bedarfst du auch der Kommunikation. Du bist ein soziales Wesen. Die Frage ist nur: Wie viel Zeit verbringst du mit dir selbst, wie viel mit anderen?

Wie will jemand, der sich selbst nicht liebt, andere lieben? Wie soll das funktionieren? Was hat er zu geben? Alles, was er für andere tut, wird letztlich nur einem Ziel dienen: sich all das bei anderen zu holen, was er in sich selbst nicht findet. Das sieht manchmal tatsächlich wie Nächstenliebe aus. In Wahrheit aber ist es purer Egoismus. Wenn du dich selbst nicht achten, wertschätzen, akzeptieren, mit dir selbst nicht harmonieren kannst, musst du dir eben bei anderen Achtung, Wertschätzung, Anerkennung, Akzeptanz holen. Denn ohne Liebe kann niemand leben. Liebe ist unsere wahre Natur. Wie sollten wir auf sie verzichten können?

Dein Lebensvollzug kann sich nur dann zum Besseren verändern, wenn **du selbst in dir** die Schwingung erhöhst. Und das gelingt dir am schnellsten und besten durch Liebe. Du brauchst dich um nichts sonst zu bemühen. Der Effekt ist ähnlich wie bei Dominosteinen: Fällt der erste, fallen alle anderen mit um. Jedes Gebiet deines Lebens wird, ja muss sich durch Liebe zum Guten verändern.

Noch einmal: Es ist vollkommen gleichgültig, an welchem Punkt die Liebe zu dir selbst einsetzt. Warum? Ganz einfach, weil AGAPE unabhängig von deinem wahrgenommenen Zustand und deiner Meinung immer dein zutiefst natürlicher, ursprünglicher Zustand ist. Es bedarf nur deiner Entscheidung zur Liebe, und sie ist gegenwärtig. Du brauchst die Liebe nur aktiv zu bekennen, und sie wird dich berühren, denn du bist Liebe, und es gibt keinen Moment, in dem du es nicht bist. Was auch immer du denkst, was auch immer du tust, was auch immer gerade geschieht - du kannst dich dafür lieben, weil in Wahrheit nur Liebe existiert. Weil du in Wahrheit nur Liebe bist. Alles andere bist du nicht.

Alles, was dir nicht als Liebe erscheint, alle Reibungen und Widrigkeiten des Lebens, sind da, freilich, sind real, sicher - so wie das störende Geräusch eines vorbeifahrenden Zuges. Bist du etwa der Zug, nur weil er dich stört? Nein, wirst du sagen, wie könnte ich denn der Zug sein? Bist du der Körper? Natürlich auch nicht. Du *hast* einen Körper, aber du *bist* nicht der Körper. *Bist* du deine Gedanken, oder *hast* du Gedanken? Natürlich *bist* du nicht deine Gedanken, du *hast* lediglich Gedanken. *Bist* du deine Gefühle, oder *hast* du Gefühle? Natürlich *bist* du nicht deine Gefühle, du *hast* lediglich Gefühle. Wer bist du jedoch, wenn du weder der Körper noch deine Gedanken noch deine Gefühle bist? Ein Energiewesen. Liebe. Manchmal genügt es, sich nur daran zu erinnern, um in die Schwingung der Liebe zu kommen.

Wenn du lernst, dich in deinem Wesenskern aufzuhalten, erkennst du, dass nur Liebe existiert, dass du ein liebevolles Wesen, ja Liebe bist. Störungen haben dann für dich nur noch einen einzigen Sinn: Sie sind da, um dich daran zu erinnern, aktiv zu lieben, denn sobald du das tust, bist du wieder ganz bei dir - in der Liebe -, und allein darum geht es.

## Unerfreuliche Ereignisse und schwierige Situationen

Angenommen, dein Partner kommt nach Hause und erzählt dir aufgeregt, dass er einen Crash mit dem Wagen verursacht hat. Der geschätzte Schaden liegt so hoch, dass es keinen Sinn machen würde, ihn selbst zu bezahlen, um ein Ansteigen des Versicherungsbeitrags zu verhindern. Auch die Reparatur eures eigenen Autos geht in die Tausende.

Hältst du es für NORM-al, in dieser Situation auszuflippen, deinem Partner Vorwürfe zu machen oder dich frustriert in eine Schmollecke zurückzuziehen, dann wirst du selbstverständlich dieser NORM gemäß reagieren, was beweist, dass dir äußere Objekte, in diesem Fall euer Auto und euer Geld, wichtiger sind als du selbst. Denn was geschieht in dir, wenn du Wut oder Frustration Raum gibst? Du missachtest nicht nur deinen Partner, sondern auch dich. Du beschädigst dich. Du lässt zu, dass der ÄUSSERE Blechschaden Beulen in deiner INNEREN (emotionalen) Verfassung verursacht. So sehr schätzt du dein Auto. Und so wenig schätzt du dich selbst. So wenig liebst du dich selbst.

Solange du deinen inneren Zustand der Liebe nicht zu deiner höchsten Norm machst, wird so etwas immer und immer wieder geschehen. Es ist sinnlos, dir vorzunehmen, das nächste Mal geduldiger oder gelassener zu sein. Das funktioniert nicht, denn unser Handeln wird nicht durch unsere guten Vorsätze, sondern durch das Objekt unserer Liebe gesteuert. Denke nur mal daran, wie du reagiert hättest, wenn dein Partner dir von dem Blechschaden während eures Honeymoons berichtet hätte. In einer Zeit also, in der du bis über beide Ohren verliebt warst. Da wäre sicherlich kein Raum für Vorwürfe in dir gewesen. Doch jeder Honeymoon geht einmal vorbei. Natürlich vermag dich die Liebe zu deinem Partner auch in späteren Jahren vor dem Ausflippen oder ungerechten Vorwürfen zu bewahren. Doch dann wäre sie eben nur auf deine Beziehung – das Objekt deiner Liebe – beschränkt. Außerhalb von ihr würden andere Normen zur Anwendung kommen. Nur wer die Liebe ohne Objekt liebt, kann in jeder Situation in seiner Mitte bleiben.

Nun ist es natürlich möglich, dass dich eine so üble Nachricht wie ein teurer Blechschaden kalt erwischt. Du bist vielleicht ohnehin gerade gestresst oder ein wenig energielos. Und dann zu allem Übel auch noch so eine schlechte Nachricht, die ein Loch in deinen Geldbeutel reißt! In solchen Situationen erinnere auch ich mich nicht immer gleich an meine Norm, meinen inneren Zustand der Liebe mehr zu lieben als jedes andere Objekt meiner Liebe. Der Gefühlsausbruch kommt über mich wie ein Gewitter aus heiterem Himmel. Wenn du jedoch ein übender Meister bist, wird dich das nicht davon abhalten können, Liebe zu wählen, sobald dir deine höchste Norm wieder bewusst wird. Es ist nie zu spät für die Übung.

Wenn du es versäumt hast, deinen inneren Zustand mehr zu lieben als dein Auto, lass dafür Liebe in deine Wut auf den Blechschaden fließen. Oder liebe dich in deinem Zorn darüber, dass du wieder einmal deine Entscheidung, alles zu lieben, “vergessen” hast und ausgeflippt bist. Die Übung kann zu jedem Zeitpunkt einsetzen. Auch mitten in einem Disput. Selbst wenn deine Wut nicht gleich abebbt - mache deine Ungeduld darüber zum Objekt deiner Liebe, und die Wut wird nicht allzu lange weiterbestehen können. Gegen die Liebe ist kein Kraut gewachsen.

Harte Entscheidungen muss jeder von uns ab und zu treffen. Manchmal wird das andere Menschen verletzen, denn sie kommen vielleicht zu einer anderen Bewertung der Lage. Ich neige in solchen Situationen dazu, mich emotional zu verhärten. Besonders dann, wenn ich die Person, die meine Entscheidung betrifft und der ich sie mitteilen muss, sehr gut kenne und sie womöglich auch noch sympathisch finde. Vielleicht geht es dir auch so.

Wie können wir in solch schwierigen Situationen die Schwingung der Liebe in uns bewahren? Zunächst muss dir klar sein: Das eigentliche Problem liegt darin, dass du es hasst, die harte Entscheidung treffen und sie auch noch mitteilen zu müssen. Vielleicht kommen irrelevante Gewissensbisse dazu. Vielleicht auch die Erwartung, auf Widerstand zu stoßen und deine Entscheidung begründen zu müssen. Egal, ob du diese Gefühle verdrängst oder zulässt - in beiden Fällen musst du dich nicht wundern, wenn sie dich auf die niedrige Schwingungsebene von Ablehnung oder Angst herunterziehen. Daher gibt es nur eine Alternative: **kein Widerstand gegen diese Gefühle!** Liebe dich dafür, dass du fühlst, wie du fühlst. Umarme dich in deiner inneren Verhärtung, deinem inneren Widerstand, deinen Gewissensbissen, deinem Hass auf dich selbst oder auf die Person oder auf deine Entscheidung. Wenn du all das in Liebe "gepackt" hast, geh ins Gespräch. Du wirst erstaunt sein, wie viel ruhiger und souveräner du sein kannst.

Selbst wenn du gerade einen Trauerfall zu beklagen hättest, könntest du dich dazu entscheiden, in deine Trauer, dein Weinen, ja deine Verzweiflung, ein ganz klein wenig Liebe fließen zu lassen. Und wenn dir das nicht gelingt, weil du unwillig bist, Trauer, Tränen oder Verzweiflung zu lieben, so könntest du dich auf jeden Fall dafür entscheiden, deinen Unwillen mit Liebe zu durchdringen. Selbst in deinen Hass auf Gott (oder das Schicksal), der/das dir die Liebste/den Liebsten nahm, könntest du Liebe bringen. Selbst in deine unbeantwortbare Frage: "Warum wurde mir das Liebste auf Erden genommen?" könntest du Liebe fließen lassen. Ändere nicht deinen Zustand. Trauer um einen geliebten Menschen ist lebenswichtig. Du solltest sie weder verdrängen noch vor ihr flüchten. Doch verzichte nicht auf die Erfahrung, in deine Trauer Liebe zu bringen. Dann wirst du nicht in Trauer versinken, sondern begreifen, wie wichtig und wertvoll sie ist.

Wer in Liebeskummer versinkt, dem nützt es meistens nichts, wenn er sich an den Schlager "Liebeskummer lohnt sich nicht ..." erinnert. Wahrscheinlich wird er, noch während er ihn zu trällern versucht, wieder zu heulen beginnen und bittere Tränen vergießen. Auch logische Argumente – "Wie gut, dass mir jetzt klar wird, dass er/sie mich nicht wirklich geliebt hat" etc. – vermögen ihn nicht wirklich zu trösten. Ablenkung auf Partys oder in Discos zu suchen hilft da auch nur temporär, denn der Schmerz verschmähter Liebe sitzt tief. Mein Tipp für alle Betroffenen: Verweigere dich dem Schmerz nicht. Jede Form von Trauer muss verarbeitet werden. Ansonsten darfst du dich nicht wundern, wenn du immer und immer wieder in ganz ähnliche Situationen gerätst.

Golas sagt dazu: "Es wird wie der eigenartigste aller Zufälle aussehen, wenn du, nachdem du deine Aufmerksamkeit scharf von einer unangenehmen Szene abgewandt hast, immer wieder in ganz ähnliche Situationen hineinrennst. Das wird dich verblüffen und immer wieder geschehen, bis du auf eine Unannehmlichkeit triffst, die du ertragen oder lieben kannst, und dann werden deine Schwingungen ansteigen. Schau es an, liebe es und dann löse dich davon!"

Das klingt ziemlich einfach, ist aber verdammt schwer, solange du nicht erkennst, dass du selbst die Wiederholung solcher Ereignisse herbeiführst, weil du durch deine ablehnende Haltung stets in Resonanz mit derselben

Schwingungsebene bleibst. Ablehnung und Verdrängung haben eine Art Federeffekt: Je stärker du drückst, desto kraftvoller schnappt die Feder zurück. Golas formuliert das so: “Es ist zwecklos, einer Schwierigkeit entfliehen zu wollen, indem du dein Bewusstsein zusammenziehst. Du wirst jeden Hügel wieder hinaufklettern müssen, den du hinunterrollst. ... Wende deine Aufmerksamkeit niemals impulsiv von einer Szene ab, weil sie hässlich, unangenehm oder schmerzlich aussieht. Entscheide dich bewusst dazu – es genügt, wenn du das in Worte fasst –, dich dafür zu lieben, dass du sie abstoßend findest.”

Wer also in Liebeskummer festsitzt und nicht möchte, dass sich solche Enttäuschungen immer und immer wieder ereignen, könnte diesem sich ständig wiederholenden Muster endlich ein Ende bereiten. Du findest die Situation abstoßend, ja, doch zum ersten Mal überhaupt wendest du dich nicht abrupt von ihr ab, verdrängst sie also nicht, blockierst nicht den Schmerz und die Wut. Doch gleichzeitig lässt du von tief innen her Liebe in diese Situation hineinfließen. Sie mag dir zunächst wie ein winziges Rinnsal erscheinen, sie mag deine verletzten Gefühle nahezu unberührt lassen, aber es geht hier nicht um die Quantität, sondern um die Qualität deiner Liebe. AGAPE ist nicht nur die höchste Schwingung im Kosmos. Sie ist auch die wirksamste Medizin zur Heilung, Wiederherstellung und Transformation. Teste sie, solltest du sie gerade brauchen. Schau dir also deine Situation an, gestehe dir ein, wie mies du dich gerade fühlst, und sage dir dennoch: "Ich liebe mich unendlich."

Aller Wahrscheinlichkeit nach wirst du dabei keine Liebe zu dir selbst empfinden. Der Schmerz über deinen Verlust ist zu stark. Die Wunde zu tief. Die Enttäuschung, die innere Leere, die mit ihr einhergeht, zu groß. Alles in dir schreit nach der Nähe des geliebten Menschen, der dir so unendlich viel bedeutet. Dann wirst du womöglich geneigt sein, dieser "Medizin" zu misstrauen. Das ist durchaus verständlich, denn wie solltest du in einer Situation lieben, in der du dich doch gerade bemühst, dich zu "entlieben"? Vom Lieben willst du ja gerade weg, damit du nicht mehr leiden musst. Doch lass dich nicht täuschen. Gerade du kannst jetzt in besonders überzeugender Weise erfahren, dass die Liebe zur Liebe ohne Objekt deine wahre Natur ist, die in dir bleibt, auch im Leiden um deine große Liebe. Und dass AGAPE die einzige Medizin ist, die dir schneller und effizienter als jedes andere Heilmittel helfen kann, den Schmerz zu lindern und dein verwundetes Herz zu heilen.

## Emotionale Blockaden

Was soll ich tun, wenn ich statt Liebe Verweigerung, Enttäuschung, Traurigkeit, Unwillen, Zorn, Angst, Langeweile, Gleichgültigkeit, Sinnlosigkeit in mir fühle? Halte solche Gefühle nicht für Blockaden, sondern nutze sie als Brücken und Anker, um dein Schwingungsniveau zu erhöhen. Wenn ich keine negativen Gefühle erfahre, fühle ich mich nicht immer genötigt, mich aktiv zu lieben, und gleite manchmal in einen Zustand der Neutralität ab - weder Fisch noch Fleisch.

Im Zustand der Neutralität schwinge ich langsamer, und dann ist es oft nur noch ein kleiner Schritt zu einer noch niedrigeren Schwingung, die negative Gefühle - Ablehnung oder gar Angst - erzeugt. Gerade das miese Gefühl erinnert mich daran, dass ich momentan nicht da bin, wo ich sein könnte und eigentlich sein will.

Ich brauche mir jedoch in dem jeweiligen schlechten Gefühlszustand nur zu sagen: "Ich liebe es", und schon ist AGAPE gegenwärtig. Diese Wandlung vollzieht sich augenblicklich, was jedoch nicht bedeutet, dass das schlechte Gefühl sich sofort verflüchtigt. Das ist auch nicht nötig und manchmal auch gar nicht zweckmäßig. Wenn ich jedoch die Schwingung der Liebe erfahre, stehe ich sofort wie ein Beobachter über meinem schlechten Gefühl und vermag dabei herauszufinden, was es mir signalisieren möchte oder wie es überhaupt entstehen konnte. Und sobald mir das wieder bewusst wird, löst es sich auf wie ein Nebel.

Liebe ist Schwingung, nicht Stimmung. Du kannst total deprimiert sein, gleichsam am Boden zerstört, und dennoch lieben. Wenn du in bester Stimmung bist, schwingst du automatisch in Liebe - unbewusst sozusagen. Aber hast du nicht schon mal erlebt, dass deine Hochstimmung von einer Sekunde zur anderen "gekippt" ist? Erst himmelhoch jauchzend und dann zu Tode betrübt? Unsere Stimmungen sind stets Schwankungen unterworfen. Liebe jedoch, deine wahre Natur - sie bleibt stets stabil. Und wenn du deine Aufmerksamkeit im Stimmungstief auf sie richtest, bleibst du in dieser Schwingung. Selbst wenn du nicht sofort in Hochstimmung kommst. Verwechsle also nicht Stimmung mit Schwingung. Liebe als deine wahre Natur verändert sich nie, ganz egal, in welcher Stimmung du bist. Es ist sehr wichtig, das zu erkennen, sonst wirst du die Schwingung womöglich mit Stimmung verwechseln. Und wenn du das tust, könnte es dir alsbald so erscheinen, als wäre deine Übung vergeblich. "Ich liebe doch, aber ich komm ja gar nicht in Stimmung! An meiner Gleichgültigkeit, meinem Gefühlstief, meinem Ärger ändert sich ja nichts!" Der Grund: Du bist auf die Veränderung deiner Stimmung fixiert - nicht auf die Liebe. Lass es mich an einem kleinen Beispiel erklären.

Ich gehe regelmäßig in die Sauna. Und nach jedem Saunagang natürlich ins Kaltwasserbecken, in dem ich mich meistens etwa fünf, manchmal auch zehn Minuten aufhalte. Schon öfter als einmal fragte man mich, wie mir das nur möglich sei. Denn die meisten Saunagänger verlassen es aufgeregt und bibbernd schon nach weniger als dreißig Sekunden. Der Trick ist: Ich lenke meine Aufmerksamkeit sofort auf meinen Atem. Ich atme ganz ruhig ein und aus und bewege mich nicht. Auf diese Weise nimmt mein Körper die Kälte zwar wahr, aber meine Bewegungslosigkeit und die Konzentration auf den Atem verhindert, dass ich friere oder zu bibbern beginne. Ich kann nicht sagen, dass mir die Kälte angenehm ist, aber ich kann während der besagten Zeit gut mit ihr leben. Und die Ruhephase im Anschluss weit mehr genießen. Meistens schlafe ich dabei sogar ein und fühle mich danach wie neugeboren.

Ganz ähnlich geht es mir, wenn ich in schlechte Stimmung gerate und meine Aufmerksamkeit statt auf die Stimmung auf die Liebe lenke. Auch dabei kann ich nicht sagen, dass ich in "meinem Element" bin, aber mein Blick auf die Liebe bewahrt mich davor, mich von der schlechten Stimmung "destabilisieren" zu lassen. Und wenn sie vorübergeht, bin ich energetisch nicht leer. Im Gegenteil: Wann immer ich mich in einer schlechten Stimmung in der Schwingung der Liebe bewahre, empfinde ich es als Sieg und gewinne an Energie. "Es kommt nie darauf an, was du erlebst, sondern wie du darauf reagierst", sagt Thaddeus Golas.

Meine Frau und ich bewohnen ein Penthouse im sechsten Stock eines Wohnhauses. Die Wände sind aus Beton. Vor einigen Wochen zog jemand ein, der seitdem fast täglich Löcher in die Wände bohrt. Ich vermute, dass er mittlerweile mehr Löcher als Zwischenräume an der Wand hat. Aber vielleicht liebt er es einfach, ein so ungewöhnliches Hobby zu betreiben. Es sind zwar meistens nur einige wenige Minuten, in denen das gräßliche Geräusch an mein Ohr dringt, aber wenn es ertönt, empfinde ich es natürlich nicht so angenehm wie die Fünfte von Ludwig van Beethoven. Wenn ich mich zu diesem Zeitpunkt schon auf der Schwingungsebene der Liebe befinde, vermag mich das penetrante Geräusch nicht sonderlich zu stören, doch ist meine Schwingung im Tal, werde ich zunächst einmal zornig, weil der aufkommende Unwille über die Störung schneller ist als die Erinnerung an meine Entscheidung, im Schwingungsbereich der Liebe zu bleiben. Doch genau dieser Unwille wird zur Brücke für AGAPE.

Es gibt keinen Zeitpunkt, an dem es zu spät ist für AGAPE. Du magst in negative Emotionen abgleiten, doch mitten darin bist du imstande, dich selbst noch mehr zu lieben als jedes schlechte Gefühl. Einfach indem du dich für die Liebe entscheidest. Zunächst entscheidest du dich für die Liebe, dann verändern sich deine Gefühle.

Kehre einfach immer wieder zur Liebe zurück. Liebe dich in deiner Angst, Traurigkeit oder Wut, und zwar so unerbittlich, dass sie das Weite suchen. Negative Gefühle mögen dich nur, solange du sie ablehnst oder fürchtest. Sie flüchten, ziehen sich von dir zurück, sobald du sie umarmst, sie mit Liebe umgibst. Sie werden womöglich nicht gänzlich verschwinden. Aber sie werden deine Schwingungsfrequenz nicht mehr beherrschen können.

Der grandiose Film *A beautiful mind - Genie und Wahnsinn* liefert uns eine anschauliche Allegorie für dieses Prinzip. Darin geht es um einen schizophrenen Wissenschaftler, in dessen Wahrnehmung von seiner Jugend an bis zu seinem Tod drei Menschen existieren, die er körperlich sieht, mit denen er spricht, einer von ihnen ist ein Agent und erteilt ihm sogar Befehle. Nachdem er geheiratet hat, versucht ihm der Agent, der wie die anderen Personen nur in seinem Kopf real ist, sogar einzureden, er müsse seine Frau töten, und beinahe tut er es auch, weil er der Diagnose des Arztes nicht glaubt. Erst als ihm klar wird, dass diese Menschen weder älter werden noch wachsen, erkennt er, dass diese Gestalten tatsächlich nur in seinem Kopf existieren, dass er also tatsächlich schizophren ist. Diese Menschen existieren nur in seiner Wahrnehmung, niemand sonst kann sie sehen.

Der behandelnde Arzt hält es für völlig unmöglich und auch für gefährlich, die verschriebene Medizin abzusetzen, welche die Gehirntätigkeit des Patienten so stark beeinträchtigt, dass er unfähig ist, seinen Beruf auszuüben. Doch der liebt seine Tätigkeit so sehr, dass er es ablehnt, weiterhin in dem Delirium dahinzuvegetieren, das die Medizin verursacht. Also setzt er das Mittel ab und entschließt sich dazu, die Gestalten einfach zu ignorieren. Anfangs beeindruckt sie das überhaupt nicht, doch je mehr er sich darin übt, desto mehr ziehen sie sich zurück und hören auf, ihn anzusprechen oder zu belästigen. Der schizophrene Wissenschaftler wird schließlich auf der Universität, an der er lehrt, eine geachtete Persönlichkeit und erhält in hohem Alter sogar den Nobelpreis.

Auch du wirst zum Gewinner werden, wenn du dich darin übst, dich inmitten von Angst, Trauer, Wut so sehr zu lieben, dass die üblen Gestalten negativer Gefühle keine Chance mehr darin sehen, dich zu belästigen. Kümmere dich nur insofern um sie, als dir ihre Gegenwart hilft, dich aktiv zu lieben. Sie werden weiterhin gegenwärtig sein, ab und zu werden sie auch versuchen, Kontakt mit dir aufzunehmen, doch wenn du konsequent bleibst in deiner Übung, werden sie aufhören, dich zu belästigen.

Zumeist zanken meine Frau und ich wie die meisten schon länger verheirateten Paare, die miteinander alt werden wollen, wegen irgendwelcher Nebensächlichkeiten. Ich komme beispielsweise vom morgendlichen Joggen zurück und bin der Überzeugung, dass sie in der Zwischenzeit das Frühstück zubereitet haben sollte, was jedoch nicht immer der Fall ist. Also frage ich sie: “Warum ist das Frühstück denn noch nicht fertig?” Angenommen, sie ist nicht gut drauf, was allerdings seltener vorkommt als bei mir, erwidert sie unwirsch: “Meinst du eigentlich, ich hätte nix anderes zu tun, als für dein leibliches Wohl zu sorgen?" Und schwinge ich auf demselben Niveau, kehre ich den Macho in mir raus und erwidere womöglich bissig: "Was könnte wichtiger sein?"

Du kennst das vielleicht, ein Wort ergibt dann das andere, und mit jeder Aussage ziehen wir uns gegenseitig auf Schwingungsebenen herunter, die ganz vortrefflich dazu geeignet sind, unsere Energie schon am frühen Morgen nutzlos zu vergeuden. Doch weil wir uns beide als übende Meister begreifen, wird nach einer Weile zumindest in einem von uns beiden die Erinnerung wach, dass wir uns doch für ein Leben in Liebe entschieden haben. Und da wir gerade herummotzen, beginnen wir dort, wo wir uns jetzt befinden. Derjenige von uns, der sich erinnert, beginnt sich also in seinem Herummotzen zu lieben und spricht das vereinbarte Codewort aus: **LOVE**. (Mich als alten 68er vermag das englische Wort für Liebe wirksamer an AGAPE zu erinnern.)

Außenstehenden mag es wie ein Wunder erscheinen, doch was wir dann erfahren, ist schlicht ein Gesetz. Während wir noch in unsere törichte Streiterei verwickelt sind, veranlasst uns allein die Erinnerung an LOVE, wie ein neutraler Beobachter kopfschüttelnd über unser EGO-Spielchen zu lachen. Denn warum haben wir uns gestritten? Lediglich unsere Schwingung hatte sich in der Skala nach unten verändert. Das war die Ursache unseres Konflikts. Das nicht zubereitete Frühstück war nur der Aufhänger für eine niedrige Schwingungsfrequenz, derer wir uns gar nicht bewusst geworden wären, hätten wir uns nicht gestritten.

Freilich gibt es andere Konfliktsituationen, die man nicht so einfach mit LOVE erledigen kann. Dann gilt es sich zu lieben, während man streitet. Wie das funktioniert, erläutere ich im nächsten Kapitel.

Es mag Situationen geben, in denen du über einen bestimmten Zeitgenossen nichts anderes als "Idiot" oder Schlimmeres denken kannst. Und wenn schon! Der Gedanke ist nun mal da! Es ist, wie es ist! Es wäre zwecklos, dich zu einer anderen, feineren, humaneren Einstellung zwingen zu wollen! Versuche es erst gar nicht, sonst wirst du nur zum Heuchler. Du musst ja nicht aussprechen, was du denkst, das wäre auch nicht zu empfehlen, aber schau dir den Gedanken freimütig an, und umgib ihn mit Liebe! Das ist der Schlüssel, um trotz einer negativen Bewertung nicht länger als irgend nötig auf einer niedrigen Frequenz zu schwingen. Liebe wirkt dann wie ein Lösungsmittel.

Erst kürzlich erfuhr ich, dass einige üble Gerüchte über meine Person verbreitetet werden. Natürlich entstand in mir der Wunsch, das Bild der anderen über mich zurechtzurücken und mich zu rechtfertigen, denn es gibt kaum eine emotional belastendere Situation, als missverstanden oder gar verleumdet zu werden. Ich ließ sofort Liebe in diesen Wunsch fließen und umgab auch alle beteiligten Personen mit Liebe. Innerhalb weniger Sekunden war ich befreit.

Ist es denn mein Problem, was andere über mich denken? Soll ich etwa meinen emotionalen Zustand von dem Bild, das andere Menschen von mir haben, abhängig machen? Welchen Sinn hätte es, sie von ihrer Meinung abzubringen? Was wäre gewonnen, wenn ich sie von meinem Standpunkt überzeugen könnte? All das sind törichte, nutzlose Umwege, um das zu bekommen, was ich in Wahrheit suche: Glückseligkeit!

Mach dich nicht abhängig von dem Urteil, das andere Menschen über dich fällen, denn dadurch begibst du dich in Abhängigkeit von ihrer niedrigen Schwingung. Lebe dein Leben und stehe dazu, indem du dich kompromisslos und unter allen Umständen liebst.

Das beste Übungsfeld zur Schwingungserhöhung ist das alltägliche Leben. Es spricht nichts dagegen und ist sogar zu empfehlen, täglich und regelmäßig zu meditieren, doch die Übung, einfach alles und jeden zu lieben, macht das gesamte alltägliche Leben zur Meditation. Denn was ist das, Meditation? Du zentrierst dich im Kern deines Wesens. Liebe bei allem, was du gerade tust, selbst im Profansten, hat denselben Effekt: Du bist ganz bei dir. Zentriert. Du brauchst dich nicht zu fragen, ob das, was du gerade tust, wertvoll, sinnvoll oder Zeitverschwendung ist. Sobald du es liebst, wird es immer sinnvoll und wertvoll.

Tu deine Pflicht oder tu, wonach dir gerade der Sinn steht, was immer es sei. Doch vergiss die Liebe nicht. Ich versteige mich nicht zu der Behauptung, dass jede Handlung durch Liebe zu einer "heiligen" Handlung wird. Allerdings ist die Frage, ob etwas heilig oder unheilig ist, nicht mein Maßstab. Wenn ich dabei zu lieben vermag, hat es seinen Sinn erfüllt. Denn das hält mich auf einem hohen Schwingungsniveau - dem Garanten für Glückseligkeit und Lebenserfolg.

## Konflikte

Konflikte entstehen, das ist völlig normal. Zwischen Partnern, Kindern und Eltern, Arbeitskollegen, Freunden, Chefs und Mitarbeitern, Kunden und Lieferanten, gesellschaftlichen Gruppen und Staaten. Wo auch immer Interaktionen stattfinden, da lauert Konfliktpotenzial.

Die Ursache für den Ausbruch eines Konflikts ist nicht in jedem Fall niedrige Schwingungsfrequenz, die einen Staubsaugereffekt hat, wenn du gerade auf der gleichen Frequenz schwingst. Oftmals sind Menschen einfach verschiedener Meinung. Das ist legitim und sogar notwendig. Nichts könnte sich weiterentwickeln, weder auf privater und gesellschaftlicher noch auf wirtschaftlicher oder politischer Ebene, wenn Menschen sich nicht auseinandersetzen und bessere Lösungen für vorhandene Probleme suchen würden. Das eigentliche Problem bei Konflikten ist die Art der Austragung. Ohne Liebe verhärten sich schnell die Fronten. Meinungen werden nicht überzeugend genug dargelegt, sondern mit Macht und Kalkül durchgesetzt. Scharfzüngige Polemik ersetzt die logische Argumentation. Sieh dir wieder einmal eine Bundestagsdebatte an, dann weißt du, wovon ich rede.

Würden wir uns dafür entscheiden, in allen Konfliktsituationen zu lieben, würden wir nicht etwa lockerer, mit Sicherheit aber fairer diskutieren und streiten. Hart in der Sache, jedoch respektvoll gegenüber dem Kontrahenten. Wer liebt, vermeidet den Konflikt nicht, denn er ist sich bewusst, dass er zur Lösung eines Problems unvermeidbar ist. Liebe streitet nicht, um zu streiten. Liebe streitet auch nicht, um den Kontrahenten bewusst zu verletzen und in ein schlechtes Licht zu rücken. Sie kann zwar verletzend ankommen, doch das liegt nicht in ihrer Absicht, sondern an der Bewertung des Kontrahenten.

Stell dir doch nur einmal vor (ich weiß, das ist schwer), unsere Abgeordneten hätten sich für die Liebe entschieden, bevor sie debattieren. Denke nicht, dadurch würden die Reden langweilig und fad. Nein, ganz und gar nicht, denn zu lieben würde ja nicht bedeuten, nicht mehr gegenteiliger Meinung zu sein, sich nicht mehr zu streiten und stattdessen auf Schmusekurs mit dem politischen Gegner zu gehen. Selbst Polemik müsste in Debatten kein Fremdwort sein, aber die Liebe würde aus ihr ein rhetorisches Würzmittel machen.

Ich appelliere an Politiker und Wirtschaftsbosse: Erhöht eure Schwingung! Nur das wird unsere Probleme lösen können. Auf der niedrigen Schwingungsfrequenz, wie sie nicht nur im Bundestag, sondern auch in den Führungsetagen vieler Unternehmen für sensible Menschen wahrnehmbar ist, können Probleme immer nur in langwierigen Prozessen notdürftig und temporär gelöst werden. Wenn unsere Theorie stimmt, wird sich die Qualität unserer Gesellschaft und das Wachstum unserer Wirtschaft nur in dem Maße erhöhen, wie sich die Schwingungsfrequenz der verantwortlichen Politiker und Manager erhöht. Liebe ist die Antwort auf unsere Probleme, ohne sie sind unsere Reden und Handlungen "wie ein tönend Erz und eine klingende Schelle". (1. Kor. 13:1) Viel Getöse, wenig Substanz!

Auch wenn obiger Appell ungehört bleiben sollte: DU als Individuum kannst von nun an in Konfliktsituationen Liebe zum herrschenden Prinzip werden lassen. Wie gesagt, das bedeutet nicht, Diskussionen oder Streitgesprächen abzuschwören. Im Gegenteil: Wenn du liebst, wirst du sogar streitbarer werden und im Streit erfolgreicher sein. Denn was wird zur Ursache von Niederlagen? Es ist der persönliche Angriff. Solange du fähig bist, Person und Sache zu entkoppeln, wirst du, selbst wenn du den Streit verlieren solltest, immer Sieger bleiben.

Voraussetzung für eine solche Vorgehensweise ist zunächst einmal, dass du dich selbst liebst. Bist du mit dir selbst nicht im Einklang, ist es sehr schwer, wenn nicht unmöglich, im Einklang mit anderen zu sein. Befindest du dich jedoch auf einer hohen Schwingungsfrequenz, und das ist immer nur dann der Fall, wenn du in Harmonie mit dir bist, ist es für deinen Kontrahenten viel schwerer, dich zu verletzen und auf seine niedrige Schwingungsebene herunterzuziehen.

Zweite Bedingung: Liebe sowohl den Streit als auch die am Streit Beteiligten. Denn sowohl der Streit als auch die Streitenden sind notwendig und unentbehrlich zur Lösung des jeweiligen Problems. Wenn Liebe dein Motiv in einem Konfliktgespräch ist, musst du dich noch nicht einmal darum bemühen, deine Emotionen zu unterdrücken. Du kannst emotional sein, ohne dass es der Kontrahent als verletzend empfinden wird.

Was verletzt, ist nicht die Emotionalität. Was verletzt, ist eine Motivation, die nicht an der Sache, sondern an der Person orientiert ist. Wie gedämpft du auch immer reden, wie gewählt auch immer du dich ausdrücken magst – ist dein Motiv nicht die Liebe, wird der Kontrahent es immer als persönlichen Angriff empfinden. Wir können unsere wahren Motive nicht verbergen. Das emotionale Gehirn deines Gegenübers lässt sich nicht täuschen.

Es gibt viele Techniken für das Konfliktgespräch. Und es ist von Vorteil, sie zu erlernen und sich darin zu üben. So ist es zum Beispiel nützlicher, Ich-Botschaften statt Du-Botschaften zu senden. Ferner ist es vorteilhafter, sich auf das Gespräch vorzubreiten, den anderen aussprechen zu lassen, aktiv zuzuhören, und es ist besser, Fragen zu stellen als Vorwürfe zu machen usw. Doch selbst die beste Taktik ist ohne Liebe zum Scheitern verurteilt. Wenn du aber liebst, wirst du, auch ohne alle taktischen Züge zu kennen, die den Erfolg eines Konfliktgesprächs begünstigen, das Richtige zum richtigen Zeitpunkt sagen.

Liebe handelt aus sich selbst heraus weise. Sie wird dich in deiner Gesprächsführung von innen heraus leiten. Gut möglich, dass deine Meinung von deinen Kontrahenten dennoch nicht akzeptiert wird. Gut möglich, dass ihr euch dennoch nicht einigen könnt. Doch du wirst dennoch als Sieger hervorgehen. Liebe macht dich immer zum Gewinner.

Am Ende dieses Kapitels möchte ich dir noch eine Übung aufzeigen, die ich selbst und andere ausprobiert haben und die sehr wirksam ist, wenn du in deiner Partnerschaft tief verletzt wurdest und ihr beide keine Möglichkeit seht, euch über ein normales Gespräch zu versöhnen, weil ihr dabei, obwohl ihr das gar nicht wollt, immer wieder in heftigen Streit geratet und am Ende weder ein noch aus wisst. Manchmal wird es vielleicht nötig sein, eine Person eures Vertrauens hinzuzuziehen, die darauf achtet, dass ihr die Spielregeln beachtet. Die Übung jedoch ist so oder so außerordentlich effizient, obwohl sie euch einiges an Disziplin abverlangt und eine hohe Bereitschaft zum Gehen neuer Wege voraussetzt.

Setzt euch mit dem Rücken aneinandergelehnt auf den Boden, und fasst euch dabei an den Händen, egal, wie schwer es euch fällt. Einer von euch beiden beginnt jetzt, alles auszusprechen, was ihn am anderen stört. Er darf alles sagen, was er fühlt. Der Zuhörer darf sich dazu nicht äußern. Egal, was der andere sagt und wie er es sagt: Denke nicht darüber nach, ob er mit dem, was er sagt, recht oder unrecht hat. Höre nur zu und sage dir dabei: “Ich liebe mich dafür!” Es gibt kein Zeitlimit. Der andere darf dir also so lange Vorwürfe machen, wie er es für nötig hält. Achtet darauf, dass ihr während der ganzen Zeit Körperkontakt habt, mit dem Rücken und den Händen. Haltet es durch, egal, wie schwer es euch fällt. Danach macht eine Pause von ungefähr zwei Minuten, in der ihr schweigt. Rücken und Hände lösen sich in dieser Zeit voneinander.

Dann beginnt der andere damit, nach denselben Regeln seinen Standpunkt zu erläutern. Sitzt anschließend noch einmal zwei Minuten schweigend und in Kontakt mit Rücken und Händen. Danach steht schweigend auf, gebt also keinerlei Kommentar ab, und geht für etwa eine halbe Stunde in getrennte Räume oder jeweils allein spazieren. Lasst dabei Revue passieren, was ihr vom jeweils anderen gehört habt. Lasst jedes Gefühl zu, das in euch aufsteigt, und liebt euch dafür. Danach kommt wieder zusammen. Es würde mich außerordentlich wundern, wenn ihr euren Konflikt jetzt nicht lösen könntet.

Konfliktlösung kann, muss jedoch nicht bedeuten, dass ihr euch in die Arme fallt und den Streit abhakt, obwohl dies manchmal der Fall ist, weil ihr erkennt, dass euch nur die Liebe gefehlt hat. Konfliktlösung kann auch bedeuten, dass ihr den Fall noch einmal auf der Basis gegenseitiger Liebe aufrollt und Vereinbarungen trefft, die euer Zusammenleben neu regeln. Konfliktlösung kann sogar bedeuten, dass ihr zu dem Schluss gelangt, euch zu trennen. Doch selbst dann, wenn ihr diese Entscheidung in eurem speziellen Fall für die beste Lösung haltet, ist die Chance groß, dass es in einer Atmosphäre der Liebe geschieht.

## Versagen und Blamage

Und wenn du versagt hast? Wenn es dir in einem Konfliktgespräch nicht gelang, in der Liebe zu bleiben? Wenn du den anderen verletzt hast? Wenn es dir vielleicht sogar Spaß gemacht hat, ihn zu verletzen? Wenn du womöglich so richtig in Fahrt gekommen und ausgeflippt bist?

Kehre so schnell wie möglich zu deiner Übung zurück. Umarme die Situation. Liebe dich in deiner Aggressivität. In deinem Versagen. Sobald dir dein Abgleiten bewusst wird. Denn je länger du dich dem Gefühl der Aggression oder dem Gefühl des Versagens hingibst, desto niedriger wird deine Schwingung. Kehre möglichst noch während des Gesprächs zur Liebe zurück. Ein winziger Ruck in deinem Bewusstsein. "Ich liebe ES!" Die Aggression oder das Gefühl, versagt zu haben, wird zur Brücke für AGAPE. Verdränge die negativen Gefühle nicht, denn das wird sie intensivieren. Schau sie dir an. "Ja, genauso bin ich, aber ich liebe mich dafür, dass ich so bin." Lass alles so, wie es gerade ist. Kehre einfach zur Liebe zurück. Lass den Gedanken: "Ich habe versagt" einfach stehen. Lass den Gedanken: "Wie sehr habe ich mich blamiert!" einfach stehen. Solche Vorstellungen werden sich früher oder später auflösen. Und schon wirst du wieder zum Sieger.

Ich bin ein leidenschaftlicher Mensch und kann daher emotional ziemlich heftig reagieren. Ich weiß nicht, wie oft ich in Konflikten, besonders mit meiner Partnerin, ausgeflippt bin. Im Grunde ist es ein Wunder, dass sie immer noch bei mir ist und darüber hinaus noch immer Liebe zu mir empfindet, denn ich habe aufgrund meines Temperaments leider ziemlich viel Porzellan zerschlagen. Gleichzeitig bin ich ein sehr offener Mensch und hatte schon immer wenig Probleme damit, mir und anderen Schuld einzugestehen. Doch eines tat ich nicht: Ich liebte mich nie in diesem Aspekt. Ich hasste ihn vielmehr und schämte mich für ihn. Durchaus verständlich und sicherlich auch notwendig. Doch diese Verdrängung führte dazu, dass er immer wieder durchbrechen konnte.

Ich würde nicht von mir behaupten wollen, nie mehr ausflippen zu können, doch als ich damit begann, meine Aggressivität zu lieben, wann immer ich sie in mir wahrnehme, verlaufen notwendige Streitgespräche mit meiner Frau auf einem anderen Niveau als zuvor. Wenn du dich in deiner Aggression liebst, wird ihr die Spitze gebrochen.

Wenn du dich für eine Verfehlung entschuldigen musst, tu es nie, solange du dich in dem Gefühl des Versagens befindest, denn das wird dich noch weiter herunterziehen. Tu es erst, wenn du wieder liebst. Denn dann wird es kein Problem für dich sein, und es wird sogar deine Schwingung erhöhen.

## Das Nicht-Anerkennen der eigenen Grenzen

“Mehr vermag ich (von meiner Zeit, meiner Kraft) nicht zu geben!” Ist es Liebe, dies zu behaupten? Müsste Liebe nicht grenzenlos sein? Das ist sie. Doch wir sind begrenzt. Das beweist uns schon unser Körper. Er braucht Luft, Speise und Trank, Pflege, Bewegung, Ruhe, Entspannung, Genuss, um existieren zu können. Gibst du ihm das nicht, wird er sterben oder zumindest rebellieren. Manchmal auch in Form von Krankheit. Und das ist sein gutes Recht. Es wäre lieblos, ihm seine natürlichen Bedürfnisse zu verweigern.

Dasselbe Prinzip gilt für deine Seele. Auch sie kann nicht nur geben, sondern braucht ebenfalls Nahrung – geistige Nahrung. Sie braucht den Rückzug, die Oase der Ruhe ebenso wie Kommunikation und Aktivität. Nicht umsonst spricht man davon, die Seele einfach mal baumeln zu lassen.

Manche Menschen sind nahezu ununterbrochen damit beschäftigt, anderen Menschen zu helfen. Das ist lobenswert, aber nicht deshalb schon Liebe. "Liebe deinen Nächsten wie dich selbst" bedeutet, dich zunächst einmal selbst zu lieben, deinen Körper, deine Seele, deinen Geist. Wie kannst du den Nächsten lieben, wenn du dich selbst nicht liebst? Es wäre genauso, als würdest du jemandem Wohnraum anbieten und dabei selbst obdachlos sein. Wie sollte das funktionieren? Am Ende werdet ihr beide auf der Straße herumlungern.

Ich rede hier nicht dem Egoismus das Wort. Ich möchte dir lediglich bewusst machen, dass du zunächst einmal eine Verantwortung für die Person hast, die dir tatsächlich am nächsten steht. Oder wen nimmst du zuerst wahr, wenn du morgens aufwachst? Deinen Körper. Deine Gedanken. Deine Gefühle. Mag sein, dass du schon beim Erwachen in deinen Gedanken bei jemand anderem bist, und doch sind es eben *deine* Gedanken. Sie entstehen in der Person, die du als Ich bezeichnest. Wenn du diese Person um anderer Personen willen vernachlässigst – ist das Liebe? Mitnichten. Kümmere dich also zunächst einmal um dich selbst. Erst wenn du deine Person so gut versorgst, dass sie sich in ihrer Haut wohlfühlt, hast du anderen wirklich etwas zu geben.

Man mag dies gesunden Egoismus nennen, aber in Wahrheit ist es einfach die Liebe zu der Person, die dir am nächsten steht: Du. Sie zu lieben ist deine Hauptverantwortung. Erst wenn diese Person sich geliebt fühlt, hast du die Energie, um andere Personen zu lieben. Wenn du dich zu wenig um dich kümmerst, erhält also die Person, die dir am nächsten steht, zu wenig Liebe von dir, und dann wird sich dieser Mangel auf all die Personen übertragen, für die du dich verantwortlich fühlst. Noch schlimmer: Du wirst sie möglicherweise sogar benutzen, um die Liebe zu erhalten, die du dir selbst nicht zu geben vermagst. Auf diese Weise wirst du, anstatt den Nächsten zu lieben, zu einem Energieräuber werden.

Nahezu jeder von uns kennt Menschen in seiner Umgebung, die rastlos damit beschäftigt sind, sich um andere zu kümmern. Wir mögen sie dafür bewundern, doch manchmal ist ihr Engagement eine Art Vampirismus. Diese Menschen holen sich bei denen, um die sie sich kümmern, meistens ohne dass es ihnen bewusst ist, die Energie, die sie sich selbst versagen oder nicht zu geben vermögen. Immer wenn du so einem überaus hilfsbereiten Vampir begegnest, hast du anschließend das Gefühl totaler Erschöpfung. Er hat sich für dich eingesetzt, ja, doch der Preis dafür war Energie, die dir nun fehlt. Du kannst gar nicht sagen, auf welche Weise er dir Energie abgezapft hat, doch du fühlst dich nach dem Kontakt mit ihm energetisch völlig leer.

Wahre Hilfe offenbart sich in der Schwingung der Liebe. Wann immer du Liebe empfängst, wirst du dich anschließend besser fühlen als zuvor. Du hast dann mehr, nicht weniger Energie. Du fühlst dich nicht leer, sondern kraftvoll.

Wirf dir daher nicht vor, es sei Unvermögen, wenn du anderen Menschen nur bis zu einer bestimmten Grenze zur Verfügung stehen kannst. Klage dich deshalb nicht an. Mach dir keinen Vorwurf, und lass dir auch keinen Vorwurf machen. Es ist nicht lieblos, dein Engagement für andere zu begrenzen. Im Gegenteil: Es ist Liebe, die immer bei dir selbst beginnt.

Natürlich gibt es auch das andere Extrem. Wer anderen Menschen nicht das zukommen lässt, was er selbst von anderen erwartet, wird ebenso energielos wie der, der immer nur für andere lebt. Wir sind soziale Wesen. "Das Universum besteht aus unseren gegenseitigen Beziehungen", sagt Thaddeus Golas. Niemand kann nur für sich selbst da sein. Wenn du dich über das normale Maß hinaus um dich selbst kümmerst, wirst du verkümmern.

Was ist das Normalmaß? Jeder Mensch ist anders veranlagt und strukturiert. Deshalb kann es dafür keinen allgemeingültigen Maßstab geben. Menschen wie Albert Schweitzer, Mutter Theresa oder Karl-Heinz Böhm können uns Vorbild, jedoch niemals Maßstab für unser eigenes Handeln sein. Vielleicht wärst du total überfordert, wenn du versuchen würdest, so zu leben wie sie.

Liebevolles Handeln kann niemals von außen beurteilt werden, denn es ist zunächst einmal Schwingung. Verändere daher zunächst deine Schwingung, indem du dich dazu entscheidest, die Welt und vor allem dich selbst zu umarmen. Dann wirst du jeweils erkennen, was Liebe im praktischen Alltag für dich persönlich bedeutet. Manche von uns müssen erst einmal am untersten Level beginnen: Ihren eigenen Widerstand gegen diese Entscheidung zu lieben. Doch selbst durch diesen verhältnismäßig dürftigen Liebesakt wird sich dein Schwingungsniveau erhöhen. Und wenn du dabei bleibst, wird es sich steigern. Es wird dann nicht lange dauern, bis du fähig sein wirst, deine Liebe auf immer mehr Situationen und Menschen auszudehnen. Dadurch wird sich deine Frequenz noch mehr erhöhen. Und das wiederum wird dich darin bestärken, noch beständiger in der Liebe zu bleiben.

Denke aber nicht, du müsstest dann irgendwann doch ein neuer Albert Schweitzer, eine neue Mutter Theresa werden. Vielleicht nutzt du die Schwingung der Liebe in erster Linie, um die Person, die dir am nächsten steht, nämlich dich, glücklich und erfolgreich zu machen. Für manche unter uns wäre dieser Wachstumsschritt schon das Optimum dessen, was sie in diesem Leben erreichen können. Schätze dieses Lebensziel nicht gering, denn welcher Mensch kann schon von sich sagen, glücklich und erfolgreich zu sein? Und wirst du nicht automatisch andere Menschen glücklich und erfolgreich machen, wenn du es selbst bist?

Stecke dein Lebensziel aber nicht zu hoch. Geh lieber in kleineren Schritten voran. Wenn du dann weitergehen willst, als du es dir zu Anfang zugetraut hast, um so besser. Aber versuche nicht, den zweiten Schritt vor dem ersten zu machen, sonst könntest du über deine eigenen Füße stolpern.

## Falsche Erwartungen auf dem Übungsweg

Wenn du ein Liebender wirst, kommt eine Energie in dein Leben, die wahre Wunder bewirkt. Dir werden vielleicht Wünsche erfüllt, von denen du glaubtest, sie könnten niemals in Erfüllung gehen. Und wenn du ein wenig geübt bist, wirst du fähig sein, selbst unter äußerst belastenden Lebensumständen emotional stabil zu bleiben. Andererseits könnten aber auch Dinge geschehen, die alles andere als positiv sind. Dadurch gerätst du möglicherweise auf manchen Lebensfeldern erst einmal aus dem Tritt. Warum ist das so? Sei dir im Klaren darüber, dass du mit der stärksten Energie im Universum arbeitest. Nichts ist kraftvoller als die Liebe. Wie ein starker Strom, der alles mit sich reißt, was sich ihm entgegenstellt, wird auch die Liebe alles, was sie in ihrem Fließen in dir, also: dich an deinem Fließen behindert, abtragen. Daran geht kein Weg vorbei. Diesen Preis musst du bezahlen. Doch es ist ein Preis, der sich lohnt.

Obwohl du also auf der einen Seite Wunder über Wunder erlebst, wirst du möglicherweise auch in Situationen geraten, die dir als das Gegenteil dessen erscheinen, was du dir wünschst. Diese Erlebnisse können zu großer Frustration führen. Es kann ohne Weiteres geschehen, dass dir Freunde oder Bekannte irgendwann unterstellen. "Das soll Liebe sein? Du bist doch jetzt ein noch größerer Egoist als je zuvor!"

Solche Vorwürfe gemacht zu bekommen, besonders von denen, die wir lieben, ist eine der größten Prüfungen auf diesem Weg. Wirst du dich von ihnen beeinflussen lassen? Wird dich ihr Urteil ausbremsen? Wirst du es aufgeben, dich in allem und für alles zu lieben? Wirst du deine Norm, den inneren Zustand der Liebe mehr zu lieben als jeden äußeren Umstand, jetzt in den Mülleimer werfen? Du kannst das natürlich tun. Niemand wird dich daran hindern. Auch nicht die Liebe. Doch du wirst ihr Adieu sagen müssen. Sie wird sich dezent, wie sie ist, aus deinem Erlebniskosmos zurückziehen. Sie wird nichts mehr für dich tun können.

Daher: Halte durch! Steh es durch! Bleib in der wundervollen Schwingung der Liebe. Vielleicht will dich die

Liebe lediglich von Lebensumständen befreien, die dir auf Dauer schaden. Der scheinbare Abriss dient lediglich der Renovierung deines Lebensgebäudes. Vielleicht will dich die Liebe an neue Ufer der Lebenserfahrung führen, die nur deshalb gefährlich aussehen, weil sie Neuland für dich sind. Neuland, dessen Unwägbarkeit uns Menschen immer unsicher macht. Vertraue der Liebe. Sie kann dir unmöglich schaden. Sie will immer das Beste für dich.

## Die Krise nach dem Honeymoon

Gleich nachdem ich mit der Übung begann, ereigneten sich einige Dinge, die mir wie Wunder erschienen. Dieses Phänomen hatte ich allerdings in meinem Leben schon öfter erlebt. Wann immer man seine Schwingung positiv verändert, gleichgültig auf welcher Ebene, scheint es der Kosmos sofort zu belohnen. Geld floss, Aufträge kamen, einige ziemlich bedrohliche Probleme fanden eine Lösung, Beziehungen verbesserten sich, ich hatte kaum noch Durchhänger und konnte mit emotional belastenden Situationen wesentlich besser umgehen. Wenn ich aufwachte, empfand ich sofort Liebe für den beginnenden Tag. Und tagsüber bereitete es mir kaum einmal Schwierigkeiten, die Welt und vor allem mich selbst zu umarmen. Die Übung war mir ständig präsent, ich musste mich meistens noch nicht einmal an sie erinnern.

Doch irgendwann geht jeder Honeymoon zu Ende. Die Erfahrung verblasst. Das anfängliche Feuer verlöscht. Manche deiner "alten" Probleme erheben wieder ihr Haupt. Die alten, eingeschliffenen Gewohnheiten und Konditionierungen kehren zurück. Vielleicht beginnst du wieder das bekannte Lied zu singen: "Guten Morgen, liebe Sorgen, seid ihr auch schon wieder da!" Vielleicht entsteht in dir sogar der Eindruck, als wäre alles nur ein schöner Traum gewesen. Es scheint keinen Sinn mehr zu machen, unter allen Umständen zu lieben.

Diese Krise muss jeder durchmachen. Es geht kein Weg an ihr vorbei. Es ist durchaus möglich, dass du wochenlang einen Durchhänger hast. Keine Lust mehr zum Üben. Keine Motivation, weil sich nichts mehr zu tun scheint. Der Kosmos scheint das Resonanzgesetz vergessen zu haben. Jetzt kommt es drauf an! Dein Durchhänger ist nicht problematisch. Problematisch wäre es nur, wenn du in dieser Schwingung bleiben würdest.

Thaddeus Golas sagt: "Wir haben die Tendenz, in emotionalen Zyklen aufzusteigen: Nach jedem Ausbruch begeisterter Wirklichkeitswahrnehmung treffen wir wieder auf eine neue und andere Art der Ablehnung in uns, auf das Nächste, das wir lieben lernen müssen. Aber je höher du dich entwickelst, desto leichter wird es."

Wenn die Krise kommt, gilt es, die Krise zu lieben. Egal, wie schwer dir das erscheinen mag - umarme sie und vor allem dich selbst. Es ist sehr gut möglich, dass diese Umarmung über einen gewissen Zeitraum kein wahrnehmbares Gefühl der Liebe in dir erzeugt.

Mir hilft es in Krisen, wenn ich mich frage: "Wie würde ich mich wohl fühlen, was würde sich wohl ereignen, wenn ich es aufgeben würde zu lieben?" In einer Krise erlebst du in deiner subjektiven Wahrnehmung kein hohes Schwingungsniveau, doch stell dir nur einmal vor, was geschähe, wenn du dich von der Liebe abwenden würdest?

Der Mensch ist nun mal ein Gewohnheitstier. Alles Neue entzückt uns, doch mit der Zeit lässt die Euphorie nach. Dieses Prinzip wirst du auch mit deiner Übung erfahren. Weil du es nun gewohnt bist, in Harmonie mit dir und der Welt zu sein, wird dir die Erfahrung als "gewöhnlich", als "nichts Besonderes" erscheinen. In Wirklichkeit aber bist du viel weiter, als du es subjektiv wahrnimmst. Du kannst ja mal einen Test machen. Gib die Übung ganz auf. Lass deinen Gefühlen freien Lauf. Denke, fühle, handle wie früher - ohne Liebe fließen zu lassen. Lass dich ganz auf die niedrigen Schwingungsebenen Gleichgültigkeit, Ablehnung und Angst ein. Vielleicht brauchst du diese Erfahrung, um zu begreifen, wie gewinnbringend die Übung ist.

Eines ist sicher: Wenn du die Krise bestehst, wirst du anschließend noch stärker werden. Du kannst es mit einer Partnerschaftskrise vergleichen: Erst nach dem Honeymoon erweist sich, ob ein Paar Liebe füreinander empfindet oder ob es nur Wert auf das knisternde, erotische Strohfeuer legte. Paare, die in der Krise versagen und sich vorschnell voneinander trennen, weil sie nicht mehr so wie am Anfang ihrer Beziehung füreinander empfinden, werden nie herausfinden können, was Liebe wirklich bedeutet. Das ist heute, aufgrund der gesunkenen Hemmschwelle bezüglich Trennung, leider sehr oft der Fall. Ich kenne kein einziges Paar, das keine Krisen zu bestehen hatte. Manche schon nach einigen Monaten, andere erst nach ein paar Jahren. Aber die Krise kommt, spätestens dann, wenn EROS (die begehrliche Liebe) abflaut. Wenn ein Paar seine Liebe dann nicht als PHILIA (die freundschaftliche Liebe) erfährt, wird es sich über kurz oder lang trennen oder in einer Art Zweckgemeinschaft verbleiben.

Dasselbe Prinzip gilt für die Liebe zur Liebe ohne Objekt. Du wirst dabei zunächst einen Honeymoon erleben. Es wird dir ziemlich leichtfallen, die ganze Welt zu umarmen. Doch die Krise kommt. Wer sie besteht, wird weiter aufsteigen. Das bedeutet: Die Liebe wird sich vertiefen, erweitern, beständiger werden. Und der Kosmos wird deine Treue in der Liebe mit größeren Segnungen honorieren.

# Einige Trockenübungen

Am besten und effektivsten übt sich's, wie bereits öfter erwähnt, während deines alltäglichen Lebens. Die Übung im Alltag ist durch keine der im folgenden aufgeführten Trockenübungen zu ersetzen. Sie sind so etwas wie das Sahnehäubchen auf dem Kaffee. Den Kaffee gibt's nur durch die Übung im Alltag. Ohne sie hast du nur Sahne in deiner Tasse. Und wenn sie aufgeschleckt ist, ist die Tasse wieder leer.

Im übertragenen Sinne bedeutet das: Wer auf die Trockenübungen setzt und die Übung im Alltag vergisst, kann sich zwar während dieses Zeitraums an ihnen ergötzen, wird aber während der übrigen Zeit von seinen Stimmungsschwankungen abhängig sein und hinsichtlich seiner Schwingungsfrequenz instabil bleiben. Zusammen mit den Trockenübungen jedoch wirst du die Übung im Alltag noch mehr genießen können.

## Klänge der Liebe

Eigentlich müsste ich diese Übung gar nicht erwähnen, weil sie ohnehin jeder kennt und sicher schon öfter erlebt hat: Kaum etwas vermag uns emotional so zu erheben und zu verzaubern wie eine musikalische Komposition, die in uns Gefühle der Liebe erweckt und unser Herz weitet. Schließe die Augen, gib dich den Tönen vollkommen hin, tauche ganz in sie ein, lass dein ganzes Sein – Seele und Körper – von ihnen durchdringen und durchsättigen.

Je nachdem, wie du dich gerade fühlst, kannst du dabei entweder ganz entspannt auf dem Rücken liegen oder auch tanzen. Wenn du dich fürs Tanzen entscheidest, vergiss einmal alle eingeübten Bewegungsabläufe, und achte nur darauf, in deiner Bewegung in Resonanz mit den Klängen zu sein. Dabei ist es vollkommen gleichgültig, wie es aussieht. Dir sieht ohnehin niemand zu. Entscheidend ist, dass du deine Ohren für die Liebe öffnest und dabei spürst, wie dein Herz ganz weit wird. Dann fühlst, erlebst du AGAPE und das Einssein mit deinem wahren Wesenskern.

## Mit Liebe aufwachen

Lenke deine Aufmerksamkeit sofort nach dem Aufwachen ganz sanft auf die Liebe. Sobald du daran denkst. Egal, was du vorher gedacht, geträumt oder gefühlt hast - liebe dich dafür. Und dann lass in dir das Wort LIEBE erklingen. Sag es dir ein-, zweimal in eigener Regie, und lass es dann in dir erklingen. So als hätte die LIEBE in dir eine eigene Stimme. Ohne Eile. Ganz sacht. Lass sie es so oft wiederholen, bis du nichts anderes als Liebe denkst und fühlst. Das Wort LIEBE löst in deinem emotionalen Gehirn Assoziationen der Liebe aus, die das Gefühl der Liebe erzeugen.

Erwarte aber keine Gefühle, und versuche nicht, sie zu erzwingen. Sonst verweigern sie sich dir womöglich. Sie kommen ganz von allein. Bleib dabei ruhig im Bett liegen, wenn du wach genug bist, um nicht wieder einzuschlafen. Wenn dabei Situationen oder Personen vor deinem inneren Auge auftauchen, gib ihnen deine Liebe. Selbst wenn du sie nicht magst. Umgib sie mit Liebe. Einfach so. Ohne Anstrengung. Wenn Widerwillen dabei ist, liebe dich dafür. Du kannst die Stimme der Liebe in dir auch modifizieren, wenn du willst. Lass sie vielleicht sagen: "Wie sehr liebe ich mich" oder einfach: "Wie sehr liebe ich!" Manchmal wirst du dabei in einen elektrisierenden Zustand der Liebe gelangen. Ein anderes Mal wirst du einfach nur ganz nah bei dir selbst sein. Doch in jedem Fall sorgst du dafür, dass du dich, noch bevor du aufstehst, in einem guten, harmonischen Zustand befindest. Das ist ein optimaler Start in den Tag.

Bevor du einschläfst, tu genau dasselbe wie morgens. Lass darüber hinaus alle Geschehnisse des Tages, die nicht optimal liefen, Revue passieren und Liebe in sie hineinfließen. Mach die Störungen während des Tages ganz besonders zu Objekten der Liebe. Sage dir, dass du dich dafür ganz besonders liebst. Wenn dein Verstand dagegen rebelliert, sage ihm, du willst einfach ein wenig verrückt sein und er solle sich solange zurückhalten. Strenge dich dabei aber nicht an. Wenn Unwille, Unzufriedenheit oder Schuldgefühle aufkommen, liebe dich dafür. Wenn Personen auftauchen, die du auf den Mond schießen möchtest, liebe dich dafür. Umgib diese Personen trotz aller Aggressionen mit Liebe. Nicht, weil du sie liebst, sondern weil du weißt, dass nur Liebe sie verändern kann. Hülle sie in Liebe ein. Schlafe mit Liebe im Herzen ein.

## Dir selbst begegnen

Wenn du Zeit hast, setz dich mal vor einen Spiegel. Sieh dir in die Augen im Spiegel, und bekenne dir deine Liebe. Tu dabei so, als wenn du dein allerbester Freund wärst. Gönne dir ein wenig Verrücktheit, und sage dir so emotional wie nur möglich: "Oh wie sehr liebe ich dich!"

Wiederhole dein Liebesbekenntnis so lange, bis alles Befremdende von dir weicht. Bis du ganz eins mit dir bist. Bis du Spaß dabei hast. Bis es dir Vergnügen bereitet. Bis du dich wirklich von Herzen liebst. Das kann unterschiedlich lange dauern. Gib nicht vorzeitig auf, weil du dir kindisch, lächerlich oder affig dabei vorkommst. Sieh dir aber beständig in deine Augen im Spiegel.

Erschrick nicht, wenn dein Gesicht sich plötzlich verändert. Wenn es älter wird oder jünger, andere Formen annimmt, abwechselnd männlich oder weiblich wird, einen Bart bekommt, bartlos wird, wenn sich auf deinem Kopf die Haare verlängern, kürzer werden oder ihren Farbton verändern etc. Bleib ganz ruhig, reiß die Augen nicht auf, sondern bleib einfach auf deine Augen im Spiegel fixiert. Dieses Phänomen muss sich nicht zwangsläufig ereignen, wenn es sich aber ereignet, sei dir einfach dessen bewusst, dass dir möglicherweise einige deiner Gesichter aus früheren Inkarnationen vorgeführt werden. Du bist keine dieser Personen, selbst die Person, für die du dich jetzt hältst, bist du nicht, es sind nur einige deiner Masken. Du bist nicht der Körper. Du bist Liebe. Immer und ewig. Das kann dir bei dieser Übung bewusst werden.

## Von Seele zu Seele

Sieh einer Person deines Vertrauens fünf oder falls möglich zehn Minuten lang in die Augen, ohne wegzuschauen, und bekenne ihr in Gedanken deine Liebe. “Ich liebe dich!” Kein Problem, wenn dabei die Augen des anderen verschwimmen, sich verdoppeln oder gar verdreifachen. Es mag sein, dass deine Augen zu tränen beginnen, doch das wird dir nicht schaden. Besprich die Übung vorher mit der anderen Person, und bitte sie, dasselbe zu denken.

Diese Übung kann dich von irrelevanten Beziehungsängsten und Hemmschwellen befreien. Sie wird die Beziehung zu der Person deines Vertrauens und deine eigene Liebesfähigkeit stark vertiefen.

## Zeit für dich

Nimm dir immer mal wieder Zeit für dich, und betrachte alles, was dich gerade umgibt, mit den Augen der Liebe. Egal, wo du dich befindest. Ob draußen in der Natur, auf der Straße, in deinem Büro, in einem Kaufhaus, zu Hause, auf Besuch, im Flugzeug, im Zug, im Auto, beim Spazierengehen oder beim Joggen. Egal wo, egal was, betrachte einfach alles mit Liebe. Ob es deinem konditionierten Verstand chaotisch oder geordnet, schön oder hässlich erscheint, **entscheide dich ohne Begründung gegenüber deinem Verstand**, alles mit Liebe zu betrachten. Sage einfach dem, was du siehst, in Gedanken, dass du es liebst. Egal, ob es sich um Personen, Tiere, Pflanzen oder gänzlich verdichtete Erscheinungen in der Welt der Materie handelt.

Bleibe drei, fünf bis zehn Minuten in dieser Übung, und du wirst merken, wie lebendig und wunderschön alles wird, was du ansiehst, und wie sich dein innerer Zustand aufhellt. Schönes wird dir noch schöner erscheinen. Hässliches verliert an Gewicht. Ich mache diese Übung manchmal beim Joggen und spreche dabei meine Liebesbekenntnisse halblaut aus. Die erhöhte Schwingung beim Laufen intensiviert das Gefühl. Blinde Menschen können diese Übung durch liebendes Hören und Tasten ersetzen.

## Das Hässliche lieben

Suche dir etwas total Hässliches, am besten etwas, was du wirklich hasst, wovor du dich fürchterlich ekelst oder ängstigst, und betrachte es mit Liebe. Das kann beispielsweise ein Photo sein, ein Bild, eine Substanz, eine Filmszene, ein Ort, ein bestimmter Mensch, ein Gegenstand, ein Gedanke, eine Erinnerung, eine Zukunftsvision, bestimmte Tätigkeiten wie zum Beispiel Unkrautjäten,

Abspülen, Putzen, Aufräumen, Kochen oder Vorträge vor einem großen Personenkreis halten, bestimmte Situationen wie im Stau oder in einer Warteschlange stehen, Auseinandersetzungen mit deinem Partner, Kollegen, Kunden oder dem Chef.

Du glaubst, bestimmte Dinge, Menschen, Tätigkeiten oder Situationen einfach nicht lieben zu können? Du meinst, sie ein Leben lang hassen zu müssen? Dann geht es dir genauso wie mir! Doch das ist kein Hindernis für die Liebe. Wenn du bemerkst, dass du das zu Beobachtende ganz unmöglich lieben kannst, liebe dich dafür, dass du es nicht lieben kannst. Sieh es dennoch weiterhin an. Aufmerksam. Unerschütterlich. Auch wenn du weglaufen möchtest. Auch wenn du weinen möchtest oder weinen musst. Auch wenn du drauftreten, es zerstören oder töten möchtest. Wenn dir danach zumute ist, schrei deinen Ärger, deinen Hass heraus, aber vergiss auf keinen Fall, dich dabei zu lieben. Umarme dich, liebe dich in diesen Gefühlen. So als wärst du dein bester Freund.

Wiederhole diese Übung in gewissen Abständen, bis du in der Lage bist, das, was du hasst, wovor du dich ängstigst oder ekelst, zu lieben, weil dir bewusst wird, dass alles, alles, alles essentiell ENERGIE ist. DU SELBST BIST. LIEBE IST. Golas sagt: “Wenn du lernst, die Hölle zu lieben, bist du im Himmel!”

## Streiten in Liebe

Wenn du das nächste Mal mit einem Menschen in Streit gerätst, den du gut kennst, betrachte diesen Vorfall als eine optimale Übung, die du (als Energiewesen) für dich arrangiert hast. Allerdings solltest du die Liebe schon ein wenig "praktiziert" haben, sonst könnte die Übung "in die Hose" gehen. Unterdrücke deine Gefühle nicht. Sage, was du denkst. Auch wenn es dem anderen nicht gefällt. Auch wenn es ihm wehtut. Ihn womöglich verletzt. **Aber liebe dich dafür. Und liebe auch deinen Kontrahenten, so gut du kannst.**

Bringe also Liebe in diesen Streit. Bleibe im Herzen in dem Fluidum, der Atmosphäre, dem festen Standpunkt der Liebe. Bleibe dabei stets in Blickkontakt mit deinem Kontrahenten, denn deine Augen werden ihm beweisen, dass du ihn selbst als Person trotz deiner Aversion gegen ein bestimmtes Verhalten nicht hasst. Liebe auch das, was dir dein Gegenspieler an den Kopf wirft. Selbst, wenn du es nicht nachvollziehen kannst. Selbst, wenn es dir wehtut. Liebe dich dafür, dass es wehtut. Bleibe unter allen Umständen in der Liebe. Wann immer du Zorn in dir aufkommen spürst, liebe dich dafür. Wann immer du dich in dem, was der andere dir vorwirft, nicht lieben kannst, liebe dich dafür, dass du es nicht lieben kannst. Kehre also während des Gesprächs immer wieder zur Liebe zurück.

Diese Übung ist bestens dazu geeignet zu erkennen, dass du essentiell Liebe bist und unter allen, allen, allen Umständen Liebe bleibst.

# Oden an AGAPE

Meine Lektorin hat beim Üben im Alltag eine weitere Möglichkeit entdeckt, die sie selbst ultraschnell in die Schwingung der Liebe bringt. Here it is:

"Wann auch immer ein Problem, eine Sorge, in deinem Leben auftaucht: Packe sie in 'Na-und-Blasen aus Liebe': Schrecksekunde - Anschauen - 'Na und!' denken - und LIEBEN, lautet das eigentlich einfache Rezept."

Aufgrund ihrer eigenen Erfahrung mit der Liebe zur Liebe ohne Objekt, bittet sie mich, ihren nachfolgenden Text hier aufzunehmen.

## »Der Bär« und andere »Perlen«

Neben den "Klängen der Liebe" und sonstigen "Trockenübungen" gibt es noch andere Wege, mit AGAPE Kontakt aufzunehmen. Eines der für mich eindringlichsten Beispiele ist der Film *Der Bär*[5] - eine Ode an die

Liebe! Er enthält mindestens sieben Ebenen oder Arten von Agape: Mutter-Kind-Liebe, Selbstliebe, Tierliebe, Liebe zum Leben, Philia, Eros, Liebe zur Natur und vielleicht noch viele mehr. Der Film, wirklich ein Gedicht des Lebens, ist zwar ein Spielfilm, doch es werden insgesamt nur wenige Worte gewechselt. Es gibt auch nur zwei Menschen (Männer), ganz viel Berglandschaft und Natur – die Hauptakteure sind die Tiere, vor allem der Kodiak-Bär *Bart* und das vom Leben gebeutelte Bärenkind *Youk,* aus dessen Perspektive der Film erzählt wird. Daneben kommen noch einige andere Tiere vor, und sie "sprechen" die ganze Zeit. Sie sind uns in diesem Film so ähnlich, dass das Ganze in Wirklichkeit eine wunderschöne Allegorie auf das menschliche Leben ist: mit all seinem Schmerz, all seiner Trauer, all seiner Angst, all seiner Schönheit, all seiner Lebenslust, all seiner LIEBE! Und das mal nicht mit vielen Worten, sondern in eindringlichen Bildern erzählt.

Wenn man von einem Film wie diesem (oder auch einem anderen, von etwas anderem) seelisch derart tief berührt wird, dann ist die Wirkung auf dich ein wenig abhängig von deiner Ausgangslage: Warst du vorher traurig, gelangweilt oder gar verzweifelt, wird er dich vielleicht

---

*5) Der Bär (Regie: Jean-Jacques Annaud, 1988). Der Film basiert auf The Grizzly King von James Oliver Curwood (Drehbuch: Gerard Brach) und spielt in British Columbia 1885.*

trotz aller Angerührtheit unter dem Strich nicht gleich vom Hocker hauen und ab sofort automatisch in einen Liebenden verwandeln. Aber dennoch "tut" ein solches "Ereignis" etwas mit dir: Es rührt, indem es dich rührt, an deinen innersten Wesenskern - und genau in dem ist der Nektar, von dem wir hier naschen wollen, ja kosten sollten: LIEBE, grundlose Liebe - AGAPE. Wenn du gelernt hast, genau hinzuschauen, findest du solche Perlen voller Nektar aber nicht nur in Filmen wie *Der Bär* oder in den "Klängen der Liebe". Sie sind eigentlich überall ...

GMB

# Die Liebe zur Liebe ohne Objekt

Die Liebe zur Liebe ohne Objekt – du kennst sie bereits. Sie ist nichts, was du erst suchen und finden müsstest. Schau einem Kind in die Augen, wenn es dir völlig grundlos zulacht, und du erblickst Liebe zur Liebe ohne Objekt. Wann immer du ohne Sorgen, ohne Probleme, ohne negativen Stress leben kannst, bist du automatisch im Zustand der Liebe zur Liebe ohne Objekt. Denn Liebe ist unsere wahre Natur. Es geht nicht darum, in einen gänzlich neuen Zustand zu gelangen, sondern darum, möglichst beständig in deinem natürlichen Zustand zu bleiben.

Warum fällt uns das aber so schwer? Der Grund ist sehr simpel: Die Liebe zur Liebe ohne Objekt bedeutet uns nichts. Wir haben sie gegen alle möglichen Objekte der Liebe eingetauscht. Gegen materielle und ideelle Objekte. Von ihnen versprechen wir uns, das zu erhalten, was wir bereits besitzen. Das bedeutet: Wir leben in einer Täuschung, und wir erhalten sie jeden Tag aufrecht, indem wir glauben, wir müssten erst noch erwerben, was wir bereits in vollkommener Weise besitzen. Nichts anderes als diese Täuschung erzeugt unser Leid.

Wie können wir diesem Leid ein Ende bereiten? Leide nicht - liebe! Dazu kannst du dich immer wieder neu entscheiden. Einfach indem du zu lieben beginnst, worin du dich gerade befindest. Egal, was es ist. Denn das zu lieben, was du jetzt gerade erfährst, bedeutet, der Täuschung, du könntest nur lieben, was du als Objekt deiner Liebe erwählt hast, endlich ein Ende zu machen. Indem du grundlos zu lieben beginnst, wirst du merken, dass es keines Grundes bedarf, um zu lieben. Liebe ist deine wahre Natur. Und nur die Täuschung, du müsstest sie erst erwerben, trennt dich von ihr.

Dass Liebe unsere wahre Natur ist und daher ständig verfügbar, ist keine Theorie oder Philosophie, sondern eine Gesetzmäßigkeit. Ebenso ehern und wirkungsvoll wie die Schwerkraft. Du lässt einen Gegenstand los, den du in der Hand hältst, und er fällt zu Boden. Darauf kannst du dich hundertprozentig verlassen. Dasselbe Prinzip gilt für AGAPE als deine wahre Natur. Öffne dich ihr, um die Verkrampfung deines Verstandes zu lösen, und du fällst in ihre geöffneten Arme. Du kannst zu jedem Zeitpunkt erleben, dass du essentiell Liebe bist. Gerade jetzt, in diesem Moment.

Liebe zu erfahren ist an keine Bedingung geknüpft. Man kann sie vergleichen mit elektrischem Strom: Ob er eine Glühbirne zum Leuchten bringt oder nicht - die Energie existiert. Knips den Schalter an, und du hast den Beweis für diese Behauptung. So ist es auch mit der Liebe.

Ist dir inzwischen bewusst geworden, dass du wirklich in jeder beliebigen Situation und zu jedem Zeitpunkt zu lieben vermagst? Dass es weder eines bestimmten Objekts noch eines bestimmten Handelns bedarf? Wenn du immer noch sagst: "Ich kann einfach nicht lieben, vor allem nicht etwas, das ich nicht mag", kannst du in jedem Fall dein Nicht-lieben-Wollen lieben. Und wenn du feststellst, dass du keine Liebe spürst, wenn du dein Nicht-lieben-Wollen liebst, dann liebe dich dafür, dass du sie nicht spürst. **Fange immer dort an, wo du gerade bist.** Am allerwichtigsten ist es, dich immer wieder an die Liebe zu erinnern und sie so in dir präsent zu halten.

Erich Fromm betrachtet die Liebe in seinem bekannten Buch *Die Kunst zu lieben* als eine Kunst, die zu erlernen wie jede andere Kunst auch Disziplin, Konzentration und Geduld erfordere. Obwohl der Mann mir an vielen Stellen in seinem Buch aus der Seele spricht, möchte ich ihm in diesem Punkt widersprechen: Wie kann etwas, das meiner wahren Natur entspricht, eine Kunst sein? Ist Liebe nicht vielmehr unsere ureigenste, wenn auch verschüttete, uns zutiefst wesentliche Fähigkeit? Richtig ist: Da sie größtenteils in uns verschüttet ist, müssen wir diese Fähigkeit trainieren wie einen Muskel. Tag für Tag üben. Der Fokus bei diesem Training jedoch ist nicht Konzentration und Geduld. Denn wenn deine AUFMERKSAMKEIT auf der Wachsamkeit, der Disziplin etc. liegt, fließt deine Energie genau DA HINEIN und eben nicht in die Liebe. Wenn du NUR auf die Liebesübung achtest, sag mir, was ist das anderes als Disziplin und Konzentration? Aber du empfindest es nicht so. Es ist nicht anstrengend.

Letztlich ist diese Liebesübung nichts weiter als ein genialer Trick, um deinen konditionierten Verstand zu überlisten. Anstatt sich seiner Bewertung dessen zu unterwerfen, was er für liebenswert hält oder nicht, liebst du das, was sich gerade vorfindet. Egal, um was es sich handelt. Denn die Schwingung der Liebe ist unabhängig von deiner Situation. Auch unabhängig vom Objekt deiner Liebe. Unabhängig selbst von deinem Glauben, nicht lieben zu können. Sie wird selbst dann offenbar, wenn du deinen Hass liebst. Oder deine Unfähigkeit, den Hass aufzugeben.

Bemühe dich nie mehr, ein negatives Gefühl zu verändern. Das funktioniert meistens sowieso nur temporär und ist außerdem kontraproduktiv hinsichtlich deiner Schwingung. Sage dir einfach: “Ich liebe meine Unfähigkeit (oder meinen Unwillen), mein Gefühl zu verändern”, und schon wird ein wenig Liebe aufleuchten. Vielleicht zunächst wie eine winzige Flamme, das Licht einer Kerze, doch mit der Zeit wird es wachsen und all deine Lebensräume erhellen.

So fängt es an, und so wird es bleiben. So beschreitest du diesen Weg, so bleibst du auf ihm, und so kehrst du immer wieder auf ihn zurück. Einfach indem du das liebst, worin du dich gerade befindest. Entscheide dich immer wieder dafür, das zu lieben, was du gerade erfährst, und Liebe wird da sein, wird dich immer wieder mit sich selbst erfüllen. Und das bedeutet: Deine Schwingung wird sich erhöhen, und der Kosmos kann gar nicht anders, als mit Wohlwollen und Liebe darauf zu reagieren und dich mit "Geschenken des Himmels" zu beglücken.

## Über den Autor

Werner Ablass interessierte sich schon als junger Mann brennend für Weisheitslehren und Erfolgsphilosophien. Seine spirituelle Seite führte ihn zunächst nach den wilden 60er Jahren zur Jesus-People-Bewegung. Sein gleichzeitiger Drang nach Bodenhaftung und "irdischem" Erfolg führte ihn nach dieser Phase in die freie Wirtschaft, wo er dann über 20 Jahre im Vertrieb, Key-Account-Management sowie in der Führung bekannter Markenartikelunternehmen wirkte. 1994 machte sich der NLP Master als Managementtrainer mit dem Schwerpunkt Persönlichkeitsentwicklung erfolgreich selbstständig.

Zur Weihnachtszeit 2018 wurde Werner ganz plötzlich aus dem Spiel des Lebens genommen. Niemand hatte damit gerechnet. Werners Frau Iris und Sohn Yannick mussten mit dieser neuen Situation sehr gut umgehen lernen. Denn dort, wo Wahrheit und Klarheit wohnt, hat Leid keine Möglichkeit, sich langfristig einzunisten. Selbstverständlich bleibt Vermissen zurück. Doch wer Werners Lehren "verstanden" hat, dem ist klar, dass dieses Gefühl auch nur eine Vorstellung bleibt, welches sich spätestens dann auflöst, wenn erkannt wird, dass da niemand ist, der vermissen könnte. Nicht selten erzählte Werner noch zu Lebzeiten, dass seine Bücher wohl erst dann so richtig gesehen, verstanden und erfolgreich verkauft würden, wenn er nicht mehr sei.

Werners Art zu lehren und zu leben bleibt einmalig. Wer jedoch an Werners Geschichte und an Lehre sowie Leere interessiert ist, der hat die Möglichkeit Markus, Werners intimsten Freund, Weggefährten und Familienmitglied, zu besuchen.

www.markusmegyeri.de

Hörbuch auf 2 CDs
ISBN 978-3-930243-40-2
€ [D] 16,20

Werner Ablass

**Leide nicht – liebe**

***Über die Liebe zur Liebe ohne Objekt***

Der Bestseller als Hörbuch

Werner Ablass selbst liest Texte aus seinem Bestseller Leide nicht – liebe sowie einen dazu passenden Übungsteil aus seinem jüngsten Buch Gar nichts tun und alles erreichen.

Alles im Kosmos basiert auf Schwingung und Resonanz. Wer leidet, befindet sich auf einer tiefen Schwingungsebene. Wer liebt, schwingt auf der höchstmöglichen Schwingungsebene und wird dadurch automatisch zum Magneten für Harmonie, Glück und Erfolg. Dieses Buch zeigt, wie man trotz aller Widrigkeiten im Alltag in die Schwingung von Agape gelangt – einer Liebe, bei der das Objekt völlig zweitrangig ist.

272 Seiten, gebunden
ISBN 978-3930243-49-5
€ [D] 17,80

Werner Ablass

**Abschied vom Ich**

***und wie leicht es sich ichlos lebt***

Nicht nur die Weisen aller Zeitalter wussten, dass das Ich nichts weiter als Einbildung ist. Auch die Ergebnisse der modernen Hirnforschung sagen nichts anderes. Werner Ablass beschreibt in einer unnachahmlichen unkomplizierten Art seinen Abschied vom eingebildeten Ich. Er fand heraus, dass es zwar Gedanken, Entscheidungen und Taten gibt, jedoch keinen individuellen Denker, Entscheider und Täter.

192 Seiten, Flexocover
ISBN 978-3-89845-568-8
€ [D] 12,95

Werner Ablass

## Liebe ist die Lösung

*Spielregeln der kosmischen Schwingung*

Wer problematische Situationen oder unliebsame Emotionen loswerden will, findet in diesem Buch ein effektives »Lösungsmittel«: Agape, die Liebe ohne Objekt. Innere und äußere Blockaden, die uns behindern oder abhängig machen, lösen sich dabei wie von selbst auf. Je mehr wir darin geübt sind, desto eher wird das Erinnern zu einem unbewussten Reflex, sodass wir dauerhaft in unserem Wesenskern zu ruhen vermögen.

Anhand vieler praktischer Beispiele zeigt Werner Ablass uns einen Weg, besser mit alltäglichen und außergewöhnlichen Widerständen umzugehen, und führt uns so in eine nie gekannte Dimension inneren Friedens.

152 Seiten, Flexocover
ISBN 978-3-89845-591-6
€ [D] 12,95

Werner Ablass

## Nichts ist, wie es scheint

*Entzaubert siehst du nur (Selbst-) Liebe*

Liebe ist nicht nur die stärkste, sondern die einzige Kraft im Universum.

Sie ist in allem, was existiert. Sie ist das Eine, das sich Zweiheit – unsere Welt der Gegensätze – »gezaubert« hat, um sich darin selbst zu erfahren und zu begegnen. Somit ist alles, was wir wahrnehmen, nur ein Zauber, nicht die Realität. Wer diesen Zauber durchschaut und dabei »entzaubert« wird, begreift, dass alles, was geschieht, aus Liebe geschieht, selbst wenn es wie ihr Gegenteil erscheint.

Eine völlig neue Sichtweise eröffnet sich, die dem Hadern mit sich und der Welt ein Ende bereitet und durch die Gewissheit ersetzt, endlich »angekommen« zu sein.

224 Seiten, broschiert
ISBN 978-3-89845-511-4
€ [D] 14,95

Julia Kathan

**Alles für ein bisschen Liebe?**

*Schluss mit Warten & Schmachten*

Das Phänomen „Liebessucht" ist in unserer Gesellschaft weit verbreitet und betrifft weit mehr als einen kleinen Kreis von Frauen, die dazu neigen sich auf Liebe und Beziehung als Lebenselixier zu fixieren.

Julia Kathan räumt schonungslos auf mit dem endlosen Warten auf Mr. Right und beschreibt lebensnah und humorvoll die Ursachen, die in die Liebeskummerschleife führen – und inspiriert dazu, sich selbst zu verändern, anstatt immer neu den zwecklosen Versuch zu starten, den Liebespartner verändern zu wollen. Und so macht sie Lust darauf, sich in die Liebe, die nicht wehtut, zu verlieben und unberührtes Neuland zu betreten.

224 Seiten, gebunden
ISBN 978-3-930243-73-0
€ [D] 16,95

Michael H. Buchholz

**Die universellen Lebensregeln**

*Der Kompaß für Alles was du willst*

Das Buch enthält 36 universelle Lebensregeln – uralte Regeln verschiedener Kulturen, die aufgrund ihrer universellen Prägung allgemein gültig sind: für jeden, jede Lebenssituation, für das Erreichen jedes Ziels. Sie zeigen auch auf, weshalb es im Leben zu Schwierigkeiten kommt und wie man diese umschifft. Dieses leicht verständliche Buch dient als praktischer Kompass, um erfolgreich durchs Leben zu navigieren.

160 Seiten, 4-farb., geb.
ISBN 978-3-89845-623-4
€ [D] 16,00

Theo Fischer

**WuWei – Lebenskunst des Tao**

***Nichts tun und alles erreichen***

Nicht mehr kämpfen, sondern im Strom der eigenen unendlichen Kraft leben – das meint WU WEI, wörtlich: nicht handeln, nicht eingreifen, sondern uns jener kosmischen Energie anvertrauen, die Laotse einst das TAO genannt hat. Das ist die Weisheit, die dieses Buch lehrt. Mit Übungen für den Alltag.

152 Seiten, 4-farb.,
Klappenbroschur
ISBN 978-3-89845-437-7
€ [D] 14,95

Nathalie Bodin

**Ho'oponopono**

***30 Formeln zur Lösung von Konflikten***

Entdecken Sie Ho'oponopono ganz praktisch für Ihren Alltag. Nathalie Bodin konzentriert sich auf das Wesentliche im hawaiianischen Vergebungsritual: Die Lösung von Konflikten, wie dies in seinen historischen Anfängen der Fall war. Sie hat das ursprüngliche Ritual wiederaufgegriffen und an das moderne westliche Leben angepasst. Sie bringt uns Ho'oponopono nahe, indem sie uns an 30 alltäglichen Situationen zeigt, wie wir Konflikte erfolgreich mit der Energie des Verzeihens und des Reinigens auflösen können.

Entdecken Sie die Weisheit des Ho'oponopono, die auf jeden Konflikt auch in Ihrem Leben anwendbar ist!